Profundolhar

Profundo olhar

Como enxergar aquele ser que
habita em você e é invisível aos olhos

Lina Maria
Pietras

BAMBUAL
editora

Dedicatória

Para meu marido Jake. Nós vivemos nos provocando, mas sempre de uma forma muito amorosa.

Para minha mãe. Ela me disse, desde o início, que a deficiência não era um obstáculo e sempre manteve meu coração aquecido.

Para o meu papai urso. Nunca deixou de estar ao meu lado, mesmo nas horas que discordamos.

Para minha irmã. Ela nunca subestima o nosso relacionamento, investindo sempre nele junto comigo. É assim que funciona o olhar profundo, o olhar do coração!

Para todas as pessoas que me acompanharam até aqui. Vocês me ajudaram a descobrir o quanto eu estava deixando de enxergar a minha própria vida.

Para todas as criaturas míticas cintilantes, coloridas e únicas que existem por aí. Você sabe que a realidade é ainda mais louca do que a ficção...

SUMÁRIO

Prefácio, por Izabella Camargo – 9

Prólogo – 13

1 Viver autenticamente: por que é tão difícil ser você mesmo? – 21

A questão da autenticidade

O desejo de pertencer: finalmente quero ser "normal"

Do esconde-esconde à supercompensação

Imagens corporais perigosas: vejam como eu sou linda!

A comparação social: por que todos são melhores do que eu?

As vozes dos *trolls* mágicos: os críticos internos

Hora de organizar uma reunião estratégica: a equipe interna

2 Onde há luz, também há sombra: um olhar honesto sobre si mesmo – 61

Pessoas que não sabem nadar em tempos de crise

Aceleração total até a exaustão

Burnout: o primeiro

A descoberta de minha diversidade

Burnout: o segundo

A decepção como o fim do engano

Em harmonia comigo mesma: o verdadeiro pertencimento

3 Olhos bem abertos: em busca da tal da felicidade – 91

O bom, o ruim e o feio
Esconder ou desabafar? Como lidar com sentimentos desagradáveis
Socorro, preciso de ajuda!
Perseguidor de propósito e ressaca de oxitocina
Nós nunca chegamos na linha de chegada – e isso é bom
Autodomínio em vez de perfeição
Saia do carrossel de preocupações

4 Só até aqui: você precisa de limites para se conectar – 119

Limites externos: tudo é possível – será?
Limites internos: você pode fazer mais do que pensa
Autossabotagem ao ultrapassar os limites
Estabeleça limites: não posso fazer isso ou não quero
Dias de trapaça para a alma: os limites da "auto otimização"
A inclusão não é ilimitada

5 Quem você foi, quem você é e quem você quer ser – 149

Em busca de minha identidade
Não sou um ou outro
Identidade como um objeto oculto
Aceitação e mudança
Nós nos encontramos como seres humanos

6 A inclusão é um direito fundamental de todas as pessoas, não um privilégio das minorias – 173

Notas – 183

Prefácio

Alguns livros informam. Outros confortam. *Profundolhar* incomoda. E esse é o maior elogio que posso fazer, porque só agimos no incômodo.

Vivemos repetindo discursos sobre empatia, autenticidade e inclusão – enquanto seguimos nos moldando para caber em lugares que não foram feitos para nós. Fingimos força, calibramos o tom de voz, disfarçamos a dor e sorrimos para parecer funcionais.

Tudo isso enquanto, por dentro, mal respiramos. Este livro é um basta delicado. Um chamado amoroso, mas firme, para que você se olhe e se acolha – de verdade.

Profundolhar, de Lina Maria Pietras, é uma jornada amorosa e reflexiva sobre autenticidade, pertencimento, limites, identidade e inclusão.

A narrativa dessa alemã, mais brasileira do que muitas pessoas que nasceram no Brasil, mistura vivências pessoais – como a experiência com a deficiência visual – com conceitos profundos da psicologia, como a sombra junguiana, os críticos internos, a autoimagem em movimento, além da superação da síndrome de *burnout* (resultado de jornadas extenuantes de trabalho para provar seu valor e pertencer ao local de trabalho).

É uma escrita que não ensina de cima para baixo, mas caminha ao lado. Lina não aponta caminhos prontos – ela acende luzes dentro das nossas próprias encruzilhadas.

Este livro nos provoca a parar de correr atrás de um ideal de perfeição e a reconhecer a beleza da imperfeição real. Fala de limites – não como fracasso, mas como fronteira da nossa humanidade. Até porque, como também já aprendi, só os limites garantem liberdade e se não os reconhecermos continuaremos numa ilusão que nos deforma.

Profundolhar fala de identidade – não como rótulo, mas como processo.

Fala de inclusão – não como discurso bonito, mas como prática viva que começa dentro, quando a gente se aceita com tudo o que é, com todas as características que tem.

Ao virar cada página, você talvez se sinta desconfortável.

Talvez descubra que tem escondido mais de si do que imaginava.

Talvez perceba que sua tentativa de "dar conta de tudo" é, na verdade, uma forma de ausência e negligência de si mesmo.

Mas junto com esse desconforto virá também um alívio: o de saber que não está só e que viver com verdade é mais leve – ainda que não seja mais fácil.

Profundolhar é para quem cansou de agradar, é para quem está cansado de fingir. É para quem cansou de estar cansado e infeliz. O cansaço é normal, mas a infelicidade, não. É para quem já percebeu que agradar o mundo todo é o caminho mais rápido para se abandonar. Para quem quer aprender a dizer "não" sem culpa, a cair sem se destruir, a se reconstruir com mais leveza.

É para quem quer se pertencer antes de pertencer a qualquer grupo. Para quem não quer mais caber – quer existir.

Prepare-se para se emocionar, questionar, rir de si mesmo, talvez chorar. E, sobretudo, enxergar com outros olhos – os do coração, os da autocompaixão.

Leia com coragem.

E com o coração aberto.

— IZABELLA CAMARGO

Jornalista, escritora, idealizadora da Produtividade Sustentável e dos EPI's da saúde mental

Prólogo

Durante toda a minha vida tive medo de montanhas-russas. A sensação de perder o controle, a preocupação de cair, e a certeza de que eu não teria nenhuma chance de escapar dos altos e baixos durante todo o percurso, sempre me impediram de entrar nelas. Até o verão de 2023, quando decidi enfrentar esse medo.

Meu marido e eu estávamos de férias em Cracóvia. Queríamos muito visitar o parque temático Energylandia. Durante as férias eu estava no meio da pesquisa deste livro e tinha acabado de ler um outro sobre a neuroplasticidade do cérebro, no qual aprendi como as células nervosas, as sinapses e as áreas cerebrais estão em constante mudança para se adaptarem da melhor forma possível às novas exigências em todos os momentos. Quando fui ao parque temático, eu sabia que era a minha chance de mudar meu cérebro. Eu estava realmente ansiosa por essa nova experiência.

Fiéis ao lema "se for fazer, faça direito", entramos na fila de uma montanha-russa na qual iríamos enfrentar cinco *loopings* com nossas pernas balançando soltas no ar. Um bando de borboletas se agitou em meu estômago quando a trava foi baixada. Estávamos sentados bem na frente. E sim, é claro que os pensamentos antigos e profundamente enraizados estavam lá. Mas, ao mesmo tempo, mantive minha decisão consciente de, desta vez, agir de forma diferente, o que me deixou extremamente ansiosa.

Fechei os olhos quando começamos a andar e, ao iniciarmos o primeiro *looping*, gritei a plenos pulmões: "Ai meu Deus!"

A curiosidade ajuda nosso cérebro a mudar. Estar aberto a novas perspectivas e experiências. E essa emoção da montanha-russa foi definitivamente uma experiência diferente. Eu gritei, ri e achei surpreendentemente maravilhoso. Muito mais rápido do que o esperado, a montanha-russa diminuiu a velocidade novamente e descemos.

O "antigo eu" estava esperando com os joelhos trêmulos, estômago enjoado e necessidade de se sentar. Senti meu cérebro checando meu corpo e fiquei confusa. Meus joelhos e estômago pareciam estáveis. Naquele momento uma voz dentro de mim gritou: "Mais uma vez!"

E foi exatamente isso que eu fiz. Andei muitas e muitas vezes, aproveitando todos os percursos. A adrenalina disparou pelo meu corpo e eu vibrei com tudo o que aconteceu.

Nos dias que se seguiram eu estava rouca de tanto gritar, algo que eu não fazia há muito tempo. Pensei muito sobre o fato de que a vida é feita de montanhas-russas. Às vezes nos sentamos na parte de trás sem realmente ter decidido embarcar nela, sem saber o que está por vir e sofrendo muito. Às vezes, levantamos os braços bem alto, damos risada e aproveitamos a emoção do passeio. Alguns passageiros são pessoas adoráveis e gentis, outros nos dão uma sensação de alívio quando vão embora.

Nesse momento, respiramos bem fundo e relaxamos, depois subimos bem alto, para depois descer novamente. Bem-vindo à vida.

A criação deste livro também foi como aqueles passeios de montanha-russa que me transportaram até o mais profundo do meu ser. No início do processo de escrita, nem era muito claro para mim o que você iria ler aqui. O livro se tornou como uma experiência profunda para mim – e espero sinceramente que você sinta o mesmo.

Um breve resumo sobre mim: sou Lina Maria Pietras, especialista em saúde mental, mentora em superação e autossabotagem. A minha missão é ajudar as pessoas a identificarem e superarem bloqueios emocionais que impedem seu crescimento, permitindo que assumam o controle de suas vidas com mais clareza, autoconfiança e resiliência. Nas próximas páginas contarei muito sobre minha vida. E sobre minha longa busca por pertencimento. Como teuto-brasileira com apenas 4% de visão, sempre me senti excluída. Mas, à medida que fui crescendo, percebi que não são apenas as pessoas com deficiência ou que imigraram de outros países que se sentem excluídas, mas que todos nós nos sentimos assim em algum momento de nossa vida.

Não importa se você é o último aluno a ser escolhido para o trabalho em grupo, se é um funcionário que não tem chance de falar nas reuniões, se nunca se sente em casa (caso tenha imigrado de outro país), se não tem sucesso no namoro enquanto todos ao seu redor estão se casando ou se as pessoas acreditam menos em você por causa de sua deficiência – o que você deseja é pertencer. Em outras palavras: se sentir incluído.

A inclusão consegue combinar o desejo de pertencer com a busca pela autonomia. Porque sim, é possível ser fiel a si mesmo e defender as suas próprias necessidades sem se sentir solitário ou excluído. A inclusão é um direito fundamental de todas as pessoas e, para que todos nós possamos desfrutar deste direito, precisamos de comunicação, colaboração e honestidade.

A história de como este livro surgiu mostra que o trabalho em equipe realmente funciona, levando a um alto nível de satisfação. O livro nasceu originalmente em alemão, com a valiosa contribuição de Anna Maas como redatora. Mas para que ele pudesse chegar às suas mãos, caro leitor brasileiro, foi essencial o trabalho de Virginia Fantoni, que adaptou com paixão, dedicação e profundo entendimento cada palavra para a realidade brasileira.

Quando tomei a decisão de escrever o livro em alemão, eu já estava absolutamente convencida de que ele precisaria chegar ao Brasil. Como cidadã do mundo, mas com o coração profundamente brasileiro, eu sempre busquei essa conexão com o país que amo desde criança. Para mim, era fundamental manter os direitos de publicar o livro em português e inglês, pois não queria que minha inspiração e tudo o que desejo compartilhar para que as pessoas no Brasil e no mundo se sintam mais seguras e plenas dependesse de distantes decisões de uma editora alemã.

Trabalhar com a Virginia na adaptação brasileira foi fascinante devido ao carinho e à paixão que ela trouxe para o processo. Nossos encontros semanais eram cheios de perguntas instigantes e sugestões valiosas.

O que mais me surpreendeu, e pelo qual sou extremamente grata, é que a Virginia conseguiu manter minha voz e mensagem originais, enquanto adaptava os exemplos para realmente refletirem a realidade dos brasileiros. Trabalhamos juntas como numa dança, numa sintonia perfeita baseada em valores compartilhados e numa visão comum sobre fortalecimento interno e inclusão.

Entre outras coisas, este livro trata da importância dessas conexões humanas. Elas estão firmemente entrelaçadas nas páginas seguintes. A minha conexão com a Virginia e a dela comigo foram fundamentais, assim como desejo que seja a deste livro com você.

O meu encanto pelo Brasil está presente em cada página. Sempre amei o Brasil, desde criança, aqui sempre me senti em casa, com uma infinita sensação de pertencimento. Uma das coisas que me machuca profundamente é ver quando o Brasil não se valoriza. A chamada "síndrome do vira-lata" é algo que, olhando de fora, nunca pude compreender. Quando criança eu perguntava: "Mãe, eu não entendo. O Brasil tem tudo. Por que eles não acreditam nisso?"

Sei que muitas vezes as respostas giram em torno da corrupção e da política, e reconheço esses desafios. Mas também acredito profundamente que um olhar mais profundo para dentro pode encorajar as pessoas a se enxergarem melhor, a reconhecerem suas dores e a se comunicarem com mais clareza e autenticidade.

Em novembro de 2024, tive a oportunidade de passar cinco semanas no Brasil, pela primeira vez, como profissional. Essa experiência me transformou profundamente e confirmou meu propósito: contribuir para um Brasil mais inclusivo, ajudar as pessoas a quebrarem seus ciclos de autossabotagem e a se enxergarem com mais amor e valor. O que me impactou foi perceber que não era apenas um sonho na minha cabeça, mas uma realidade muito mais palpável do que eu imaginava.

Se você tiver a coragem de olhar profundamente para si mesmo, de lidar com todas as suas partes, de aceitar aquilo que insiste em ficar escondido, poderá realmente se conectar com outras pessoas e fazer parte de uma sociedade inclusiva. Porque aceitar suas próprias imperfeições é o primeiro passo.

Desejo que este livro, que é um trabalho de amor, provoque essa transformação.

Gostaria de acompanhar você em sua jornada. Eu me baseio no conhecimento de muitos especialistas de várias disciplinas: psicologia, mentoria e neurociência, pois eles nos ajudam a entender melhor a interação entre o coração e o cérebro e, portanto, a diversidade de nossa personalidade.

Em meu livro favorito, "O Pequeno Príncipe", está escrito: "Só se pode ver bem com o coração. O essencial é invisível aos olhos." Você poderia argumentar que é mais fácil ver com o coração porque não posso confiar em meus olhos. Mas isso é apenas parcialmente verdadeiro. Foi e ainda é para mim um desafio constante permanecer em contato comigo mesma e não colocar minhas necessidades em segundo lugar. Mas já superei alguns obstáculos e posso lhe dizer que foi o que me ajudou e espero que continue a me ajudar no futuro. Acredito firmemente que todos nós podemos aprender a ver com o coração, independentemente de nossa visão fisiológica. Quero incentivar você a examinar as áreas do seu ser em que você raramente deixa a luz entrar, onde está escuro e frio e você precisa sentir o caminho com as mãos para se orientar. Sei tudo sobre condições difíceis de iluminação. Também sei como me sinto quando preciso me segurar nos outros para não tropeçar. Por esse motivo sinto a necessidade de acompanhar você em sua jornada e ser um apoio para você. Vou lhe contar como tropecei, caí, me levantei, caí novamente, fiquei no chão e, por fim, me levantei mais uma vez. Sempre houve um unicórnio cintilante dentro de mim. Quando ele estava cansado eu sempre o ajudei a pular de alegria novamente. E lhe asseguro que você pode fazer o mesmo.

Algumas palavras sobre a linguagem e a estrutura do livro: como estrategista de diversidade e inclusão, é um requisito básico para mim que todas as pessoas sejam reconhecidas em meu livro. Entretanto, o uso de ambas as formas costuma me incomodar durante a leitura. Na minha opinião não é suficiente nomear dois gêneros, pois a vida tem uma variedade muito maior de identidades de gêneros a oferecer. Portanto, decidi alternar entre as formas masculina e feminina. Essa alternância tem a intenção de deixar claro que estou sempre pensando em todos os outros gêneros. Peço sua compreensão e espero que essa estratégia garanta a diversidade encontrada na vida real.

Uma visão diversificada representa também a combinação de minhas histórias pessoais e abordagens profissionais. As duas estão intrinsecamente ligadas. Porque são exatamente essas abordagens, teorias e modelos que me ajudaram a entender melhor minha própria história e a me compreender melhor. Portanto, elas se tornaram parte de minha vida. Tenho certeza de que muitas destas ideias levarão você a refletir sobre sua vida, mesmo que suas experiências tenham sido bem diferentes.

Neste livro alguns dos nomes das pessoas envolvidas foram alterados para proteger sua privacidade.

Tudo o que posso dizer agora é: tenha a coragem de embarcar e levantar os braços. Permita que seu cérebro mude e conheça novas perspectivas. Estou ansiosa para andar na montanha-russa com você! Vamos nessa!

– LINA

1

Viver autenticamente: por que é tão difícil ser você mesmo?

A questão da autenticidade

Seja você mesmo! Seja autêntico! Autenticidade é uma *das* palavras que está em alta atualmente. Uma busca no Google pela palavra "autêntico" lhe dará mais de 12 milhões de resultados, e há inúmeros vídeos e *podcasts* no YouTube sobre esse assunto.

A autenticidade geralmente é apresentada a nós como um tipo de talento ou qualificação. Uma pessoa é autêntica ou não. Isso demonstra uma maneira rígida de pensar, pois temos a impressão de que a autenticidade é imutável. Qualquer pessoa que não pareça autêntica ou que já tenha sido chamada de "falsa" na vida está perdida. Por outro lado, aqueles considerados autênticos são profundamente admirados.

No caso dos influenciadores (e da mídia social em geral), o conceito de autenticidade é muito explorado, eles precisam transmitir credibilidade para conseguir audiência e, embora saibamos que esses canais apresentam uma parte deliberadamente selecionada e adaptada da realidade (veja o uso de filtros e Photoshop, por exemplo), acabamos caindo no jogo deles, muitas vezes de forma não muito consciente.

Isto representa um grande perigo, pois o próprio conceito de autenticidade acaba se tornando uma farsa.

Uma pena, pois a verdadeira autenticidade é incrivelmente valiosa. Ela não se refere apenas àquela parte de sua vida que você acha aceitável, mas abrange todo o seu ser e pode mudar totalmente a maneira como você se sente em relação a si mesmo.

Mas como definimos a autenticidade?

A Wikipédia diz: "Autenticidade [...] significa genuinidade no sentido de originalidade".[1]

O letrista e escritor Volker Demuth escreveu em um artigo no Deutschlandfunk: "Ser autêntico significa, em poucas palavras: eu sou quem eu sou".[2]

E a definição no léxico da psicologia no *Spektrum.de* começa com as palavras: "Autenticidade, estar em harmonia consigo mesmo, cercado por uma aura pessoal, desenvolvida a partir da experiência pessoal".[3]

O interessante é que muitos de nós percebemos a autenticidade de maneiras diferentes. Por exemplo, eu tenho o hábito de cumprimentar e sorrir para estranhos, não importa onde eu esteja. Muitas pessoas na Alemanha percebem isso como "simpatia fingida", o resumo do comportamento não autêntico. Mas eu sou 100% autêntica nesses momentos. Eu estaria fingindo se não o fizesse. Portanto, se eu agir de forma autêntica, isso não significa que eu seja percebida como tal. Isso prova que não existe uma "fórmula universal" para o comportamento autêntico, mas que somos influenciados cultural e socialmente quando se trata da percepção da autenticidade. É algo bastante complexo.

Além do fato de que é quase impossível usar a palavra sem dar margem a várias interpretações, é bastante difícil definir realmente a autenticidade e torná-la algo tangível.

Uma das minhas definições favoritas, que é basicamente como a sinto, vem da professora e autora norte-americana Brené Brown, que define autenticidade como "a prática diária de deixar ir quem pensamos que devemos ser e abraçar quem somos".[4] Brown fala sobre a coragem de abraçar a imperfeição e a vulnerabilidade. "A autenticidade exige que se viva plenamente – mesmo quando é difícil, mesmo quando lutamos contra a vergonha e o medo de não sermos bons o bastante, e principalmente quando a alegria é tão intensa que temos medo de nos permitir senti-la."[5]

Ela enfatiza que a autenticidade não é uma característica, mas uma decisão consciente. Essa é uma clara diferença em relação ao pensamento rígido de que a autenticidade é um tipo de "predisposição". Todos nós podemos mudar, aprender e escolher viver de forma mais autêntica.

Portanto, em princípio, a definição de Brown parece uma boa notícia. Todos nós podemos viver de forma autêntica, basta escolhermos fazer isso! Fácil, não é mesmo?

Bem, essa escolha não é tão simples assim. A especialista enfatiza o quanto temos que nos esforçar para realmente viver essa prática. Afinal, a autenticidade não se refere apenas à maneira como nos apresentamos ao mundo, mas também como dizemos a nós mesmos que somos, como podemos ser e como temos permissão para ser – ou como não somos, como não podemos ser e como não temos permissão para ser.

As histórias que contamos a nós mesmos geralmente vêm de fora. Os pais moldam seus filhos desde a mais tenra idade. Assim como os professores, educadores, amigos, cartazes publicitários, programas de TV, vídeos do YouTube e milhares de outras coisas que deixam rastros em nosso cérebro. Isso vai tão longe que temos a sensação de sermos absolutamente autênticos e nem percebemos que estamos seguindo as regras de outras pessoas. Muitos jovens adultos de 20 e poucos anos, por exemplo, acreditam que estão seguindo seu próprio caminho, mas percebem, 20 anos depois, que estão completamente exaustos porque nunca reconheceram seus próprios valores e que inclusive, inconscientemente, agiram contra eles.

Nesse contexto, o Dr. Daniel Amen estabeleceu a regra 18-40-60: "Aos 18 anos, você se preocupa com o que todos estão pensando de você; aos 40, você não se importa com o que todos pensam de você; aos 60, você percebe que ninguém está pensando em você".[6]

Reprimimos sentimentos e vulnerabilidades, vergonha, tristeza e opressão porque queremos constantemente agradar os outros ou, pelo menos, seguir as regras dos outros. Continuamos dizendo coisas a nós mesmos até acreditarmos nelas. *Não faça isso. Controle-se.*

Só que, agindo dessa maneira, também suprimimos a euforia, a alegria, a exuberância e a felicidade. Porque um não funciona sem o outro. Você nunca conseguirá vivenciar intensamente a sua felicidade se não puder também ficar realmente triste, irritado, desapontado ou aborrecido.

Nós não nos permitimos nos sentir verdadeiramente, aceitar e apreciar o nosso ser em toda a nossa totalidade, com todas as dores e medos, vergonha e inadequação.

Em vez disso, nos anestesiamos, e todos nós temos nossas estratégias. Álcool, drogas, consumo, trabalho, esporte, sexo, maratonas de séries, festas. Até certo ponto, tudo isso é normal e faz parte da vida.

Mas se você estiver constantemente entorpecido, nunca conseguirá viver autenticamente – e estará perdendo muita coisa. Esteja sempre ciente de que você é único com sua diversidade e sua personalidade.

O desejo de pertencer: finalmente quero ser "normal"

Eu mesma já percorri um longo caminho quando se trata de viver uma vida autêntica. Por exemplo, passei por diferentes fases ao lidar com minha deficiência visual. No início, tudo parecia meio ruim quando soube, aos nove anos de idade, que eu tinha uma doença incurável que gradualmente me deixaria cega. Meus pais passaram por uma montanha-russa de emoções. Olhando para trás e depois de muitas conversas com eles, sei que passaram por todos os estágios do luto, e que o mundo deles foi completamente virado de cabeça para baixo. É ainda mais impressionante que eles não tenham dramatizado o diagnóstico de "distrofia progressiva de cones-bastonetes" na minha frente.

Quando a suspeita foi levantada e uma viagem a uma clínica oftalmológica especializada em Berlim foi planejada, foi uma aventura legal entre pai e filha que eu realmente gostei. Apesar dos resultados dos exames e da confirmação da suspeita, isso foi secundário para mim, porque eu ainda não entendia a extensão desse diagnóstico. A viagem foi muito boa.

Pouco depois de todos nós termos percebido isso, minha mãe teve que ir ao Brasil a negócios. Um amigo de lá lhe disse que havia uma doença na retina que poderia ser causada pela carne de porco. Minha mãe ligou imediatamente para o meu pai e disse: "Mande a Lina para mim, precisamos fazer um exame".

Assim, enquanto todas as outras crianças tinham que ir para a escola, eu coloquei meu pinguim Pingi debaixo do braço e viajei sozinha de Düsseldorf para o Brasil com o apoio do serviço de assistência da companhia aérea para menores desacompanhados. Meu passaporte estava pendurado em meu pescoço, as pastilhas Tic Tac chacoalhavam em minha bolsa – eu estava empolgada demais por ter a chance de embarcar em um avião sozinha aos nove anos de idade. Como teuto-brasileira, eu já havia feito essa rota muitas vezes antes, o Brasil era minha segunda casa. Passei metade da minha infância lá e a outra metade na Alemanha. Foi somente quando comecei a estudar que o centro de minha vida mudou para a Alemanha. Portanto, o voo foi algo rotineiro para mim. Além disso, eu me sentia incrivelmente cosmopolita, pois sabia até mesmo onde ficavam os banheiros no prédio do aeroporto.

Os médicos brasileiros confirmaram o diagnóstico. Meus pais ficaram desapontados, irritados e desesperados. Mas nada disso importava para mim. Eu tinha voado sozinha e era a garota de nove anos mais legal de toda Düsseldorf e do Brasil, eu tinha certeza disso.

Enquanto caminhávamos pela orla de Copacabana, no Rio de Janeiro, eu disse: "Mamãe, eu vou provar para os médicos que um dia vou poder enxergar de novo".

Na época, eu provavelmente queria dar um pouco de ânimo para a minha mãe. Eu não tinha ideia de que estaria certa – posso não ser capaz de ver da forma como os outros definem a visão, mas sou uma verdadeira mestra da percepção e da visão profunda do coração.

Portanto, a deficiência visual não era o centro de minha atenção na época, mas sim a aventura que ela me proporcionava. Eu gostava disso. Eu não me sentia como uma criança coitada e lamentável que precisava de muita ajuda. Pelo contrário. Eu sempre fui muito animada, rebelde e amante da liberdade. Não permiti que isso fosse tirado de mim.

Mas senti que as pessoas, à medida que ficavam sabendo de minha deficiência, começavam a me tratar de forma diferente. De repente eu ouvia pena em suas vozes ou percebia que estava sendo superprotegida. Isso me deixava confusa, pois não gostava desse tipo de comportamento. Eu podia fazer qualquer coisa, ora! Sempre fui a mais forte! E para garantir que continuasse a ser vista como tal, aprendi a fingir que nada estava errado. Meu desempenho no papel de quem enxergava era digno de um Oscar.

Embora meus livros escolares tivessem sido ampliados várias vezes durante as férias de verão, eu tivesse o dobro do tempo para os testes em sala de aula, fôssemos regularmente ao aconselhamento para alunos com deficiência visual e eu fosse constantemente observada por um mediador para ver como eu lidava com a vida escolar cotidiana em uma escola regular, eu sempre tentava encobrir tudo, ser especialmente legal, pertencer.

É claro que, com apenas nove anos de idade, não foi uma decisão consciente. Para ser sincera, eu só queria continuar como antes: andar de bicicleta, andar a cavalo, ficar na sala de aula com meus amigos. Também continuei lendo livros, embora meu nariz quase tocasse as páginas, pois só assim eu conseguia reconhecer as letras, mas que se dane. Continuei vivendo como antes.

Alguns anos depois, quando eu estava na puberdade, cheguei a me envolver em brigas de gangues. Completamente absurdo, porque sou uma pessoa tão pacífica que não faria mal a uma mosca, nem naquela época, nem agora. Mas em minha juventude, os líderes das gangues praticamente me adotaram. Eu era como uma mascote que não podia ser machucada. Eu andava por Düsseldorf com a minha jaqueta e um canivete que alguém tinha me dado, o qual eu ficava girando de forma casual. Muitos outros adolescentes tinham medo de mim. Hoje em dia eu rio muito quando penso nisso. Medo! De mim! Eu, perigosa! Lina, que parecia uma abelhinha gorda na aula de balé aos seis anos de idade e que era um incômodo porque sempre dançava lambada em vez de balé, de repente foi alvo dos boatos mais gritantes. Eu estava no meio das cenas das gangues de Düsseldorf.

Hoje conto esta história para explicar a minha forte necessidade de pertencimento. A lealdade e a coesão da gangue me davam a sensação de segurança. Infelizmente isso foi acompanhado de eu faltar a escola, parar de andar de bicicleta e começar a fumar. Isso fazia parte de ser 'descolada'. Minhas notas pioraram, embora eu continuasse muito curiosa. Tão ansiosa para aprender que sempre fazia perguntas, incomodava os professores sem parar e discutia até que todos se cansassem de mim. Minhas notas não eram resultado de falta de inteligência ou interesse, mas de meu comportamento irritante.

No entanto, no final da oitava série, percebi que estava bloqueando meu próprio caminho. Eu sempre quis ser uma empreendedora e estudar administração de empresas. Percebi isso muito cedo porque meus pais também eram empresários. Mas se eu fosse reprovada na escola, colocaria tudo a perder. Por isso resolvi melhorar meu desempenho na nona série.

Mas já era tarde demais. Os professores não queriam mais me ensinar, eu tinha estragado tudo, tinha sido muito atrevida e minhas notas eram muito ruins.

"Oitenta, dos oitenta e seis professores, não querem mais dar aulas para a Lina", disse o professor da minha classe aos meus pais em uma conversa. Ele recomendou que eu saísse na metade do semestre. "Lina é inteligente. Ela pode lidar com isso. Ela não é mais tratada de forma justa aqui."

Eu tinha plena consciência de que uma mudança era necessária para voltar ao caminho que eu queria seguir. Por isso fui transferida para a Realschule (escola secundária alemã de média duração, o aluno conclui o 10° ano e depois deve fazer o Gymnasium para estar apto a ingressar à faculdade). O meu pai não ficou muito satisfeito com isso.

Percebi que minhas boas notas estavam correndo sério risco. Eu realmente pisei no acelerador! Na nova escola, sentei-me obedientemente na primeira fila e comuniquei abertamente minha deficiência visual ao mundo exterior pela primeira vez. Finalmente tive coragem. Esse foi um grande passo para mim. Eu não estava mais fingindo, mas queria mostrar o que eu podia fazer. Ainda me sentia insegura, como uma girafa jovem dando seus primeiros passos com suas pequenas pernas finas, mas estava determinada a fazer tudo certo.

Certa manhã minha professora estava na sua mesa e suspirou irritada quando lhe pedi mais uma vez que lesse o conteúdo da lousa para mim. Eu me debati por dentro. Era difícil para mim pedir atenção especial. Quando recebia reações negativas como esse suspiro, era ainda mais difícil. Mas isso não parou por aí. Para que todos os meus colegas de classe pudessem ouvir, ela disse: "Lina, seus pais provavelmente são mesquinhos demais para pagar sua operação nos olhos".

Fiquei paralisada. Como um coelho diante de uma cobra, paralisada de horror. Não me atrevi a olhar em volta. Meus ouvidos estavam zumbindo, o sangue estava subindo à minha cabeça e algo estava apertando meu estômago.

"Eu... eu... preciso ir ao banheiro", eu disse. Fiquei paralisada em frente ao vaso sanitário por alguns minutos. Estava muito abalada para chorar. Depois voltei para a sala, onde a aula já havia sido retomada como se nada tivesse acontecido.

Quando cheguei a casa naquele dia, chorei como nunca antes em minha vida. Embora eu tenha tido uma conversa com a professora nos dias seguintes, na qual me defendi e lhe disse na cara o quanto sua declaração era ofensiva, a dor ainda estava profundamente enraizada e cortou pela raiz a minha decisão de me abrir em relação a minha deficiência. Foi um chute no estômago que acabou com a minha coragem.

Escolhi um caminho que me levasse de volta a um bom desempenho, sendo capaz de fazer tudo tão bem quanto as pessoas com visão. Voltei a esconder minha deficiência da melhor maneira possível. Era melhor assim, eu achava. De qualquer forma, eu sempre vivi e agi como uma pessoa que enxergava, portanto, continuei assim em vez de arriscar a me abrir.

Em 2000, me formei na escola secundária com as melhores notas e fui transferida para o Wirtschaftsgymnasium (escola com ênfase em gestão de negócios). Eu havia me recuperado após o incidente e meu desempenho como garota com visão voltou a ser uma segunda natureza para mim. Eu me orgulhava de minhas boas notas e conquistas excepcionais, era uma adolescente alegre com preocupações e hobbies normais. De qualquer forma, "ser normal" sempre foi meu grande objetivo.

Mais tarde, um terapeuta me perguntou: "O que significa ser 'normal' aos seus olhos? O que é 'normal'?"

Percebi que "ser normal" significava principalmente pertencer. Eu não estava vivendo autenticamente, ou seja, como eu realmente era, mas estava tentando, com todas as minhas forças, atender às expectativas "percebidas" de fora. Devido à minha deficiência visual e à minha herança teuto-brasileira, eu não queria nada mais do que ser "como os outros" que, pelo menos de um ponto de vista puramente objetivo, não tinham conflitos de identidade.

Hoje percebo que isso não faz sentido. Todas as crianças e adolescentes enfrentam suas lutas internas à medida que crescem. Elas se sentem muito gordas ou muito magras, muito bobas ou pouco atléticas, lutam contra espinhas, têm um desenvolvimento físico muito rápido ou muito lento, têm medo do futuro, são filhos de um divórcio, têm conflitos entre irmãos, têm pais doentes etc.

Há milhares de motivos para não se sentir pertencente a um lugar, especialmente quando se está na puberdade e em busca de si mesmo. E o mais louco é que todo mundo acha que os outros são normais e que somente eles próprios são fora do comum. No entanto, esse sentimento de ser fora do comum parece unir a todos nós. É um sentimento coletivo de não pertencimento que todos nós experimentamos. De fato, não há quase ninguém que tenha vivido feliz e contente, "enquadrado", durante toda a vida. Nós caímos e tropeçamos, mas quando alguém está olhando, agimos como se nada estivesse acontecendo, e seguimos em frente.

Atualmente, quando trabalho com organizações como mentora ou consultora e falo sobre inclusão, muitas vezes percebo que algumas pessoas não entendem o que realmente significa inclusão. Uma pesquisa global mostrou que 76% das organizações pesquisadas tem um orçamento para iniciativas de diversidade e inclusão. "No entanto, muitas delas não dispõem de dados adequados ou não usam os dados existentes de forma suficientemente eficaz para direcionar suas estratégias e agregar valor aos negócios", concluiu o estudo. [7]

As pesquisas sobre esse tópico confirmam minha impressão de que a maioria das empresas não tem a menor ideia do que as pessoas que serão apoiadas por esses programas realmente sentem e precisam. Quando estou em tais empresas, gosto de pedir aos gerentes que pensem em sua adolescência.

"Vocês já usaram os sapatos errados? Não foram convidados para a festa legal? Ou foram os últimos a serem escolhidos para a o trabalho em grupo?", pergunto.

Todos acenam positivamente com a cabeça. Posso sentir as lembranças surgindo em suas cabeças.

"Como vocês se sentiram?"

As respostas são sempre as mesmas: marginalizadas, envergonhados, desconfortáveis ou sozinhas. E é exatamente disso que se trata a inclusão. Esse sentimento que é tão ruim. Todos nós sabemos disso, mesmo que não pertençamos obviamente a uma minoria na sociedade. Nesse momento, a compreensão da importância da inclusão passa da cabeça para o coração. Então, a inclusão não está mais associada apenas aos custos comerciais, o que "deve ser nos dias de hoje", mas a uma necessidade humana. Porque a sensação de ser excluído, de estar sozinho, de não pertencer, pode nos deixar mentalmente doentes.

O psicólogo Dr. Leon Windscheid também enfatiza que é importante reconhecer que todos nós temos um desejo inato de pertencer. A frase "Não me importo com o que os outros pensam de mim" pode parecer boa, forte e autoconfiante, mas contradiz a psique humana. De acordo com o especialista, todos precisam ser reconhecidos.[8]

Às vezes temos a impressão de que isso cria um campo de tensão. Você quer pertencer e ser reconhecido pelos outros, mas também quer seguir seus próprios valores e viver com autenticidade. Então, como lidar com isso?

Acho que é importante que cada um de nós pense sobre *onde* e *a quem* queremos pertencer. Nunca será o caso de todos gostarem de você. Mas deve haver pessoas cujas críticas você desconsidera e outras cuja opinião você valoriza. Escolha essas pessoas com sabedoria. Porque você está dando a elas o poder de influenciar sua vida. Tenha isso em mente quando perceber que está levando a sério as críticas de pessoas que mal conhece. Essas pessoas são importantes para você? Elas têm permissão para influenciar seu humor e suas ações que podem ser alteradas com essas críticas? E se elas não têm permissão para fazer isso, então, por que você as deixa fazer isso?

Estou convencida de que, com um coração aberto e um comportamento autêntico, você não irá trair seus próprios valores nem ficar sozinho e solitário. Pertencimento e autenticidade não são contraditórios. De fato, eles são mutuamente dependentes.

E isso nos leva de volta à inclusão. Porque é disso que se trata. Inclusão significa estarmos abertos às necessidades diferentes das pessoas. Basicamente, trata-se de permitir que as pessoas vivam autenticamente e se sintam pertencentes, mesmo com suas diferenças. E esse é um ponto que sempre considero difícil nos debates atuais sobre inclusão: nos concentramos tanto nos grupos marginalizados que ignoramos o fato de que *todos nós* precisamos ser incluídos. Porque todos nós queremos viver nossos valores e crenças e, ao mesmo tempo, ter um senso de pertencimento. Portanto, a inclusão não é relevante apenas para pessoas com deficiência, mas para todos nós.

Um exemplo para ilustrar isso: eu estava em uma reunião no Zoom com vários participantes. No final, pediram para darmos um *feedback*. Eu me manifestei.

"Para ser sincera, não foi muito útil para mim hoje. Não consegui acompanhar o ritmo, não pude contribuir muito e o formato não foi bom para mim", admiti.

A reação foi exemplar: "Ok, Lina. Obrigado por seu *feedback*! Lamentamos saber disso. O que podemos fazer melhor? Como podemos ajudá-la? Qual foi o problema?"

Como mulher com deficiência, pude mostrar abertamente uma forma de vulnerabilidade, fui compreendida e me pediram soluções.

Depois de mim, um senhor se manifestou. Na casa dos 50 anos, alemão, branco, executivo, com um terno elegante. Em resumo: ele combinava praticamente todos os privilégios que uma pessoa pode ter.

"Também não me interessei muito pela reunião", disse ele. "Eu me senti como a Lina."

A resposta foi – e eu literalmente a vivenciei assim: "Vamos lá, não seja tão chato".

Ainda hoje me pergunto: por que os outros não o abordaram de uma forma orientada para a solução? Por que a opinião dele teve menos valor? Seus sentimentos não são menos valiosos do que os meus, e ele não deveria ter de esconder sua vulnerabilidade só porque é um homem sem deficiência e eu sou uma mulher com deficiência. Essas condições não tinham nada a ver com cooperação nessa reunião. E ele foi marginalizado naquele momento.

É exatamente isso que quero dizer quando afirmo que a inclusão deve ser um direito fundamental para todas as pessoas, e não um privilégio para as minorias. Trata-se de ouvir uns aos outros. Levar-nos a sério. E tratar uns aos outros como seres humanos, não como membros de grupos privilegiados ou desfavorecidos.

Do esconde-esconde à supercompensação

Voltemos aos meus tempos de escola. Eu já havia saído da escola secundária, onde tinha escondido a minha doença o melhor que pude, para a escola com foco em gestão de negócios. Depois de apenas três semanas, peguei uma forte gastroenterite, mas o que aconteceu depois foi muito pior do que a própria doença. Quando voltei para a sala de aula, senti algo estranho. De repente, ninguém estava falando comigo.

Todos se afastaram de mim, ninguém me explicou o que havia sido abordado nos últimos dias. Na sala de aula, entreguei um pedaço de papel à minha colega com minha letra meio rabiscada.

"O que está acontecendo? O que aconteceu? Eu só estava doente", escrevi.

Ela leu o bilhete e bufou com desdém. Sem olhar para mim, ela escreveu apenas uma frase abaixo da minha:

"Eu já sei o que você pretende."

Franzi a testa e a convidei para conversar durante o intervalo. Eu já conhecia essa colega de classe há um bom tempo, então eu sabia como lidar com ela.

O intervalo chegou. Ela estava encostada em um poste com os braços cruzados. Perguntei novamente o que havia acontecido. Eu realmente não tinha ideia.

"Já entendi tudo sobre você. Você diz que quase não consegue ver nada, mas na verdade consegue ver tudo."

Abri minha boca para dizer algo, mas não consegui encontrar as palavras. Ela continuou falando.

"Você só tem um complexo de inferioridade. Está fingindo tudo para chamar a atenção. E eu percebi isso agora. Você não poderia assistir a jogos de hóquei, ir a festas e estar em todos os lugares se fosse quase cega de verdade. Eu contei para todo mundo. Ninguém mais acredita em você. Pare de se fazer de boba."

Fiquei completamente atordoada. Minha boca estava seca e, embora eu estivesse completamente calma por fora, um furacão emocional estava me assolando por dentro.

Você já deve ter ouvido falar das reações "4 Fs" causadas pelo estresse: *Fight* (luta), *Flight* (fuga), *Freeze* (paralisia), *Fawn* (adulação).[9] Em outras palavras: lutar, fugir, paralisar e adular (tentativa de criar segurança por meio da submissão ou bajulação). Naquele momento, pelo menos os três primeiros Fs – lutar, fugir e paralisar – me atingiram ao mesmo tempo. Congelei. Eu queria fugir e dar um soco na cara dela ao mesmo tempo. Como ela ousou dizer algo assim?

Em modo de luta, eu lhe disse: "Você não tem ideia do que está dizendo. Eu não desejaria minha deficiência visual nem ao meu pior inimigo. Nada nela é desejável. Por que diabos eu inventaria isso?"

Em seguida, arrumei minhas coisas e fui para casa sem dizer mais nada – tudo o que eu conseguia fazer era soluçar.

Nos dias que se seguiram, parei de ir à escola. Entrei em minha primeira fase depressiva e comecei a fazer terapia. Nas semanas e meses que se seguiram, gradualmente compreendi que eu, com a minha representação primorosa, havia justamente preparado o terreno para esses boatos. Sim, minha colega de classe havia se comportado mal. Mas, no final, ela caiu em uma armadilha na qual todos nós caímos repetidamente: o estereótipo. *Ser cega e levar uma vida normal de adolescente? Divertir-se com uma deficiência? Há algo de errado nisso!* Para minha colega de classe eu estar levando uma vida tão normal como uma pessoa quase cega não fazia sentido. Mesmo sem ter uma deficiência, nós nos deparamos com inúmeros preconceitos repetidamente:

. Combinar uma carreira e ter filhos? Eles devem ter várias babás!

. A Geração Z não gosta de trabalhar!

Essas são imagens em nossas cabeças que podem não ter nada a ver com a realidade.

Mas tenho de admitir uma coisa: a situação com minha colega de classe só aconteceu porque eu não estava sendo autêntica, na verdade eu estava desempenhando um papel. Eu me escondia atrás da fachada da Lina perfeita que podia fazer tudo. Tentei esconder o fato de que eu tinha apenas 6% de visão residual na época. Escondi dos outros, mas também de mim mesma. Mas essa experiência me mostrou que ao ignorar minha doença o tiro saiu pela culatra.

Então, a próxima fase começou. Comecei a aceitar minha doença, mesmo que ainda não a abraçasse ou a aceitasse de fato. Não era um "sim", mas um "sim, bem, mas ainda assim".

Depois da escola, reservei alguns meses para viajar pelo mundo. Pedi ajuda em muitos aeroportos estrangeiros e expliquei várias vezes minha deficiência visual às pessoas para que soubessem melhor como poderiam me ajudar. Foi fácil para mim, porque eu realmente não sabia como me locomover em cidades completamente desconhecidas e, por mais que eu quisesse, não conseguiria fazer isso sem ajuda. Mas não tinha problema, pois a ajuda sempre se limitava a uma ou outra pessoa me auxiliando.

Um dia, quando estava na Nova Zelândia, meus amigos foram esquiar. Eu poderia ter ido com um atleta acompanhante, mas era tão caro que decidi não ir. Tomar essa decisão não foi fácil, porque meu ideal de "eu posso fazer qualquer coisa" começou a se desfazer.

Eu lutava comigo mesma, especialmente com o destino.

Em momentos como esse é extremamente importante conversar com outras pessoas. Falei com uma amiga mais velha por telefone, que na verdade era amiga da minha mãe. Ela me incentivou e me explicou que não era ruim não passar por tudo; outras pessoas às vezes se sentem da mesma forma por outros motivos. Ela me aconselhou a me divertir e aproveitar a vida.

Resolvi pegar um sanduíche e aproveitar meu tempo sozinha contemplando um belo lago.

Não foi uma epifania mágica que de repente me fez aceitar tudo e abraçar minha vida com a minha deficiência. Foram pequenos passos. Mas eles aconteceram. Como aquele momento no banco perto do lago.

Aprendi a viver com as limitações que minha doença me mostrou e a falar sobre minhas necessidades. Entendi também que eu precisava compartilhar minha realidade se não quisesse ter outra experiência como a que tive na escola quando acharam que eu estava fingindo.

Parece um final feliz e uma reconciliação comigo mesma, não é mesmo? Infelizmente, não. Aceitei minha deficiência visual e o fato de não poder esquiar, mas não podia aceitar ter que me submeter às restrições do meu plano de vida em longo prazo.

Então fui para o outro extremo: uma aceitação que foi combinada com uma supercompensação para provar aos outros e a mim mesma que eu *ainda* podia fazer tudo. Na escola eu tentava esconder minha deficiência. Resolvi não fazer mais isso. Mas o desejo de provar a todos do que eu era capaz ficou ainda mais forte. *Agora, mais do que nunca.*

Em meus vinte anos eu estava sempre acelerando. Mesmo na escola, eu era sempre a que mais aprendia. Fiel ao lema: "Vejam só, críticos! Mesmo sem enxergar, eu sou melhor do que todos vocês!

E assim foi. Em meu primeiro emprego eu cheguei a trabalhar de 60 a 70 horas por semana. Festejava até altas horas da madrugada nos fins de semana, bebia demais e gastava muito dinheiro. Minhas roupas eram feitas sob medida e caras, e a primeira coisa que qualquer pessoa que entrasse em meu apartamento via era 140 pares de sapatos enfileirados em três grandes prateleiras. Esses tantos pares de sapatos que simbolizavam que praticamente tudo em minha vida era demais. Ninguém precisa de 140 pares de sapatos. Hoje tenho dois pares e estou muito feliz com eles. Mas naquela época eu sempre tinha que ter mais, mais, mais de tudo. Eu era "exagerada" em todos os aspectos. E o pior: eu me gabava por isso. Eu tinha orgulho de mim mesma por ser capaz de mostrar a todos o que eu supostamente tinha conseguido. E com uma deficiência visual! Mas, o que eu não entendia era que todo o consumo, as festas e o álcool eram uma forma de anestesia.

Imagens corporais perigosas: vejam como eu sou linda!

Houve também uma fase em relação ao meu corpo na qual o desejo de pertencer ao grupo me levou a um comportamento não saudável. Vou ser sincera: foi somente nos últimos cinco anos que consegui gostar do meu corpo, pelo menos na maior parte do tempo. Não estou dizendo que sempre o amo e me sinto feliz com ele, mas, na maioria das vezes, tenho orgulho de como ele me carrega pela vida e de quantos abusos ele suportou. Cada vez mais aprecio meu corpo por suas funções, em vez de apenas olhar para suas formas. Este corpo já correu várias maratonas, já enfrentou muitas infecções até agora, já consumiu muito álcool e manteve todas as funções corporais dia após dia. Infelizmente, levei muitos anos, até mesmo décadas, para ter essa percepção. Acho que não estou sozinha nisso, portanto, gostaria de lhe contar como foi para mim.

A viagem ao redor do mundo que fiz depois de sair da escola terminou no Brasil, onde a preocupação com um "corpo ideal", de acordo com certos padrões, é muito forte. Morei com uma grande amiga da minha mãe, Fernanda, por alguns meses. Ela me conhecia desde que nasci e era e é uma das minhas confidentes mais próximas – quase como uma segunda mãe. Eu a amo muito, e ela também me ama.

Por causa desse amor, ela sempre desejou o melhor para mim. Os melhores empregos, os namorados mais legais, a melhor vida. E, a seu ver, um corpo esbelto e atlético fazia parte do alcance desses objetivos. Ela tinha ideais muito extremos. Quando cheguei ao Brasil eu pesava cerca de 82 quilos. Mas a Fernanda era da opinião de que, devido ao meu tamanho, eu deveria pesar no máximo 57 quilos.

"Você não gosta de ser realmente atraente?", ela me perguntou. "Você se surpreenderá como a sua autopercepção mudará."

Ela não queria me menosprezar ou dizer que eu não era atraente, mas tinha a boa intenção de querer que eu fosse mais reconhecida. Na época eu não conseguia perceber que ela estava falando sobre *seus* ideais, que essa era a realidade *dela* e não a minha. Que *ela acreditava* que o sucesso, a felicidade e o amor só eram possíveis com um corpo esbelto. Eu poderia ter me distanciado disso e comparado a realidade dela com a minha. Mas não o fiz.

Eu estava muito feliz viajando pelo mundo e não me preocupava muito com as medidas do meu corpo. Mas, em vez de compartilhar essa – *minha* – realidade, comecei a avaliar meu corpo pelos olhos dela. Aceitei seu ponto de vista e, de repente, tive certeza de que esse era o segredo, e que ela estava certa. Um novo pensamento havia sido plantado em minha cabeça e estava crescendo, ou melhor, proliferando: *Sinto que não pertenço a um lugar porque não sou magra o suficiente! Se eu perder peso, tudo mudará e o vazio dentro de mim desaparecerá.*

Durante esse período, eu estava presa em vários "padrões de pensamentos perturbadores", como a escritora Dra. Petra Bock os chama. Embora eu só tenha percebido isso em retrospecto.

Petra Bock identificou sete padrões que "sempre aparecem quando as pessoas bloqueiam a si mesmas ou aos outros". Eles são: medo, abnegação, julgamento recorrente, pressão permanente, desconfiança, adesão a regras rígidas e padrões de motivação excessiva." [10]

No Brasil, as questões de julgamento e adesão a regras rígidas estavam particularmente presentes em minha mente. Eu estava sempre olhando para o meu corpo, achando que ele não era magro, musculoso ou em forma o suficiente. É interessante notar que esse julgamento também está sempre ligado a um profundo desejo de pertencer. "Então, tendemos a nos conformar e a nos tornar iguais, em vez de viver a diversidade que caracteriza a nós e aos outros." [11]

Nós nos rotulamos e rotulamos os outros como bons e ruins, bem-sucedidos ou fracassados. Isso pode se referir ao emprego, ao corpo, ao jardim da nossa casa ou da casa do vizinho, assim como à valorização ou desvalorização de diferentes culturas ou religiões. Em suma, o nosso padrão de pensamento ligado ao julgamento limita imensamente nossa satisfação com a vida e limita a nossa aceitação e tolerância.

Naquela época eu estava profundamente presa a essa mentalidade. Então, em vez de aceitar as minhas curvas, que agora percebo que são simplesmente parte de mim, eu queria me conformar com a imagem ideal de uma mulher super magra e esportiva. Então eu ia à academia três horas por dia. *Spinning*, musculação, enfim, um programa completo. Eu treinava cinco vezes por semana e nos fins de semana viajava para outras cidades e corria para continuar queimando calorias. Minha dieta: baixo teor de carboidratos, baixo teor de gordura, na verdade, baixo teor de tudo. Eu não comia quase nada.

Todo este julgamento, obviamente, também ativou outros pensamentos perturbadores, incluindo "pressão" e "motivação excessiva".[12] Eu me estressei, me coloquei sob pressão, distanciando-me de tudo que possa ser considerado saudável, ou seja, exagerei completamente.

O pior é que a dieta e os exercícios funcionaram. Isto impulsionou todos aqueles pensamentos em espiral. De repente pude usar roupas diferentes e, sim, fui muito mais reconhecida por minha aparência do que antes. As pessoas reparavam em mim e senti que finalmente estava trazendo à tona o meu lado *"sexy"* (Hoje sei que esse *sexy* também pode ser curvilíneo e, portanto, não menos *sexy*).

Outro pensamento disruptivo ficou muito claro para mim, o qual Petra Bock se refere como "regras rígidas". Esse quadro é caracterizado por construções do tipo *SE eu fizer isso, ENTÃO aquilo vai acontecer.* "Hoje em dia somos incomodados por uma fixação em regras rígidas quando pensamos que as coisas só funcionam dessa forma e não de outra", diz Petra Bock.[13]

Esse pensamento perturbador estava constantemente presente em minha cabeça, mas eu não o reconhecia como tal. *Se eu quiser que gostem de mim, tenho que ser magra. É assim que as coisas funcionam.* Eu realmente achava que isso era uma verdade incontestável. O fato de que eu constantemente recebia elogios alimentava esse pensamento.

Em janeiro de 2004 voltei para a Alemanha para fazer entrevistas de emprego para meu programa de bacharelado. Era a primeira vez que eu pesava menos do que minha irmã, que sempre foi magra por natureza. Vesti uma calça dela, que era muito larga para mim. Obviamente, eu havia perdido minha decência junto com os quilos, porque olhei para o cós caído e disse: "Nossa, você está muito gorda".

Só anos mais tarde minha irmã me contou como ficou profundamente magoada naquele momento, e ficou remoendo aquele comentário por muito tempo.

Na época eu pesava 54 quilos. Em três meses eu havia perdido 28 quilos, e isso não era nada saudável. Para ser sincera, eu não parecia *sexy*, parecia doente. Meu físico não foi feito para ser tão magro. Mas, em vez de perceber que eu estava vivendo em uma bolha doentia nos últimos meses, eu senti muito orgulho. Dei uma grande festa no meu aniversário de 21 anos. Jovem, magra, bem-sucedida, popular – minha vida de *jet-set* não tinha limites. Abusei do meu cartão de crédito e me anestesiei com consumismo e álcool.

Olhando para trás, gostaria que tivessem me imposto limites do lado de fora. Porque esse é o lado negativo da afirmação "Você pode se tornar o que quiser". Sim, podemos nos transformar. Para o excesso, para a indulgência descomedida e o cansaço, para o exagero e a anestesia, que não têm mais nada a ver com autenticidade. Enquanto tivermos a oportunidade de afastar tudo, nós o faremos. Ah, a psique humana é interessante.

Sempre tive a sensação de que precisava provar meu valor. Dentro de meu ambiente, diante de meus pais, diante de meus empregadores, diante de mim mesma. De fato, eu não levava essa vida porque realmente achava que era tão boa quanto fingia ser, era porque eu não queria ser vista como vítima de minha doença. Não queria empregos por pena, nunca quis ser a Lina coitada e deficiente que precisava de apoio. Naqueles dias de *jet-set*, eu nem sequer usava a ajuda nos aeroportos. Eu voava muito pela Alemanha (infelizmente, não tinha a consciência ambiental de hoje) e, ocasionalmente, para o Brasil. Embora existisse assistência para pessoas com deficiência visual, eu relutava em usá-la. "Eu posso fazer isso. Não preciso de você", eu falava para mim mesma.

Hoje chamo o serviço do aeroporto de meu serviço VIP pessoal e, às vezes, fico muito triste quando estou viajando com meu marido porque ninguém carrega minhas malas e acabo não sendo a primeira a embarcar no avião. Hoje não faz sentido para mim que eu tenha recusado esse privilégio naquela época. Mas o desejo de ser independente e autossuficiente era tão forte que eu preferia perder voos e gastar muito dinheiro a ceder ao constrangimento de precisar de ajuda. Na verdade, perdi três voos internacionais durante esse período porque não conseguia me orientar e me atrasei no portão de embarque.

Não é uma loucura? E tudo isso só para "me encaixar". Para não sair da linha. E para não mostrar quem e como eu realmente sou.

Sei que não sou exceção nesse tipo de comportamento. Já mencionei a tendência humana de se anestesiar. No meu caso, foi o trabalho, o esporte, o desempenho, o consumismo e o álcool – outras pessoas podem ter comportamentos completamente diferentes.

A comparação social: por que todos são melhores que eu?

Vamos dar uma olhada na Geração Z, que incorpora uma nova ética de trabalho. Alguém me disse recentemente que a Geração Z conseguiu se afastar dos símbolos de *status* mencionados em outros tempos, como sapatos caros e festas exuberantes e, portanto, é menos carente. Estes jovens estão sendo mais cuidadosos e vivendo de forma muito mais consciente.

Viagens frequentes e carros da empresa? – Muito prejudiciais ao meio ambiente.

Um monte de pares de sapatos e um exagero de compras? – Não são compatíveis com o consumo sustentável.

Excesso de álcool? – Não é saudável.

Um anúncio de um banco feito em 1995 ilustra bem as mudanças das últimas décadas. Dois homens se encontram. Um deles se gaba com fotos: "Minha casa, meu carro, meu barco". O outro sorri e contra-argumenta com seus símbolos de *status*: "Minha casa, meu carro, meu barco, meus cavalos, mulheres bonitas." [14]

Além do sexismo de objetificar as mulheres e apresentá-las como símbolos de *status* (inaceitável!), esse anúncio como um todo está bastante desatualizado. Não que não existam mais símbolos de *status*, estratégias anestésicas e mecanismos de recompensa. Mas como seria esse encontro hoje? Quais seriam os seus símbolos? "Meu terapeuta, meu período sabático, minha aula de ioga."

Ou: "Minha rotina matinal, minha dieta, minha instrutora de *mindfulness*".

E não quero passar a impressão de que estou sendo ingênua. Muito pelo contrário. Todos nós somos humanos e todos nós precisamos de metas e recompensas. Essas são necessidades básicas. De fato, existem várias definições de necessidades psicológicas básicas, mas tanto a necessidade de apreciação quanto a necessidade de conexão podem ser encontradas em todas as teorias. E não importa se uma pessoa tem 20 ou 90 anos de idade.

Nada disso é novidade. A única coisa que mudou foi a maneira e a forma como essas metas são estabelecidas. De certa forma, todos nós queremos nos orgulhar do que conquistamos e sermos aplaudidos por isso.

Acredito que a conscientização desses pontos em comum, dessa necessidade profundamente humana de reconhecimento, recompensa e pertencimento poderia ajudar a superar os conflitos entre as gerações. Em vez de condenar e expressar uma falta de compreensão, vale a pena procurar conexões e descobrir a humanidade em todos nós.

Acredito que minha geração, os *millennials* (nascidos entre 1981 e 1996), tem uma responsabilidade especial nesse sentido. Somos a última geração que viveu uma infância sem *internet*, embora sejamos totalmente viciados em *smartphones*. Ainda temos muitos dos ideais de nossos pais e avós, mas sabemos que queremos nos distanciar conscientemente de alguns deles e ajudar a moldar um mundo melhor. Ainda nos restringimos e nos disciplinamos com muita frequência e, ao mesmo tempo, ficamos felizes em mostrar nossa vulnerabilidade. Podemos entender emocionalmente o orgulho de um carro caro da empresa e, ao mesmo tempo, vemos e sentimos a necessidade de expandir o transporte público e banir os motores de combustão.

E é exatamente esse sentimento de estar em algum lugar intermediário que nos coloca em uma posição incrivelmente valiosa: podemos mediar. Podemos explicar aos jovens de 20 anos, em início de carreira, por que seus superiores de 60 anos se apegam a velhos ideais, e podemos explicar à geração mais velha porque os jovens talvez não sejam preguiçosos e ignorantes, mas fazem as coisas de forma diferente e talvez com muito mais sabedoria. Os *millennials* poderiam salvar o mundo criando conexões.

Os vínculos sociais também são incrivelmente importantes do ponto de vista neurocientífico. A exclusão social nos faz sofrer emocional e fisicamente.

"Em um experimento, a pesquisadora do cérebro Naomi Eisenberger fez com que os participantes jogassem um jogo eletrônico no qual uma bola era lançada para frente e para trás.[15] Os participantes foram informados de que os outros jogadores eram também humanos, criando a sensação de um grupo social. No entanto, isso não era verdade. Os outros personagens que jogavam a bola eram, na verdade, programados pelo computador. No início, eles eram simpáticos. Entretanto, aos poucos, começaram a marginalizar os voluntários, que não conseguiam mais pegar a bola. A atividade cerebral foi monitorada durante todo o experimento. Ela descobriu que quando eles eram excluídos do jogo as áreas do cérebro relacionadas com dor eram ativadas. Não pegar a bola pode soar insignificante, mas para o cérebro social a rejeição é tão significativa que dói, literalmente"

É por isso que sempre nos esforçamos para participar de grupos aos quais sentimos que pertencemos. E sem esse esforço, nosso mundo não seria o que é hoje.

"O verdadeiro progresso só é possível na cooperação com os outros, e nossa 'eussocialidade'[16] é uma das razões mais importantes pelas quais nosso mundo moderno é tão diverso e complexo", diz o neurocientista David Eagleman.[17]

Por isso nos juntamos em grupos para sobreviver. As conexões sociais não são algo fácil de se lidar, mas são imprescindíveis. Nada funciona sem elas. Portanto, é ainda mais importante entender que algumas das "regras do sistema" que seguimos são arbitrárias. Muitas expectativas sociais estão profundamente arraigadas em nós, mas é importante questioná-las. Quem estabeleceu essas supostas "regras"? Você realmente quer viver sua vida de acordo com elas? Preconceitos e classificações são compreensíveis do ponto de vista puramente neurocientífico, pois nosso cérebro quer fazer uma pré-seleção, mas são contraproducentes em muitos aspectos. Tanto para nossa convivência quanto para nosso desenvolvimento social e pessoal. Precisamos uns dos outros. E é por isso que não devemos nos distanciar com preconceito e ódio, mas sim nos conectarmos sempre que possível.

De volta aos símbolos de *status*. Nós, humanos, lutamos por recompensas. Pode parecer ridículo para a geração de hoje o que uns anos atrás costumava ser considerado um objetivo na vida: casa, carro etc.

Vamos deixar de lado a crítica ao capitalismo, que é necessária e até poderia ser feita neste momento, e analisar o componente psicológico. Existir símbolos de *status* tinham uma vantagem: eles eram claramente definidos. Por exemplo, era muito evidente e compreensível quem recebia um carro da empresa. Era fácil dizer: ele ou ela conseguiu.

Não está tão claro como a autodescoberta e a busca de significado realmente funcionam. Os mecanismos modernos de recompensa têm um impacto direto na saúde mental. Embora isso seja muito louvável, também faz com que algumas pessoas sintam muita pressão para realmente se encontrarem. Afinal de contas, se elas têm o privilégio de poder tirar um ano sabático, isso tem que dar resultados. Mas autodescoberta e pressão, sejamos honestas, não são boas parceiras. Especialmente porque a autodescoberta não pode ser marcada como concluída em algum momento, pois é um processo dinâmico e contínuo.

A oportunidade de se vangloriar de suas posses, como no anúncio do encontro casual entre duas pessoas mencionado anteriormente, hoje em dia está muito mais presente. Não precisamos mais esbarrar em alguém na rua ou em um restaurante. Facebook, Instagram, TikTok: de acordo com o relatório "Digital 2023" da Alemanha, passamos cerca de cinco horas e vinte e dois minutos por dia na internet, incluindo uma hora e quarenta e um minutos em redes sociais.[18] De acordo com o *ranking* da Electronics Hub, o brasileiro passa, em média, nove horas por dia no celular ou computador. Dessas nove horas, quatro para rolar *feeds* do Instagram, TikTok e Facebook. Nessas redes somos constantemente confrontados com a forma como outras pessoas vivem suas vidas, quais objetivos estão perseguindo, o que já alcançaram, quais bebidas adoram, quais empregos conseguiram e quais sofás novos elas acabaram de comprar. Como suas férias foram ótimas e inspiradoras. Essas afirmações remetem às feitas pelos homens no anúncio. E mesmo que sejam textos autênticos à primeira vista, às vezes vemos fotos que podem subconscientemente nos colocar sob pressão: casas perfeitas, quartos de crianças arrumados, maquiagem bonita, hotéis dos sonhos.

Como fazer para evitar se comparar? Como uma pessoa normal pode olhar com benevolência para todas essas coisas dia após dia e não se sentir mal no final? Theodore Roosevelt teria dito: "A comparação é o ladrão da alegria". E o filósofo e teólogo dinamarquês Sören Kierkegaard também disse: "A raiz da infelicidade humana está na comparação".

Não quero desvalorizar a comparação social em si. É um comportamento absolutamente normal, humano e, às vezes, até sensato. Ao nos compararmos com os outros, reconhecemos nossa posição. Identificamos os nossos pontos fortes e quais pontos podemos melhorar. Sem essa comparação social o trabalho em equipe e a cooperação não seriam possíveis. Isso também nos ajuda a avaliar melhor os perigos ou desafios. Também podemos aprender com os outros. Especialmente em fases de mudança, a comparação social é muito útil.

A dificuldade é que esse comportamento muitas vezes se torna disfuncional, o que significa que nos sentimos pior após a comparação e nos desvalorizamos.[19]

E então as vozes desagradáveis dentro de nós acordam, incomodando-nos dia e noite.

As vozes dos *trolls* mágicos: os críticos internos

São nossos críticos internos que sussurram para nós que nunca somos suficientes, que somos preguiçosos demais, que amamos a liberdade demais, que somos ansiosos demais, que somos desmedidos demais ou rigorosos demais. A comparação com outras pessoas é seu alimento favorito.

"Veja, ela é muito mais magra do que você", diz um deles.

"Você estudou com ele. Por que ele agora tem um cargo de liderança e você não? Você é muito preguiçoso", diz o outro.

O Dr. Daniel G. Amen descreve esses pensamentos como ANTs (*Automatic Negative Thoughts*) ou "pensamentos negativos automáticos".[20] O nome se encaixa muito bem porque, em inglês "ant" significa "formiga" e, como as formigas, eles são um verdadeiro incômodo. Você já teve formigas em sua cozinha? Então você sabe como é: uma vez que elas estão lá, é difícil não tê-las mais. Elas ficam zanzando por todos os cantos e, quando encontram o lugar ideal, "fixam residência" nele.

O mesmo acontece com as pragas do pensamento negativo. Eles não estragarão seus suprimentos de alimentos, mas estragarão seu bom senso (o qual, infelizmente, não pode ser comprado no supermercado).

Mesmo que você esteja ciente disso, não consegue ignorar essas vozes. Em vez disso, surge outra: "Você é incompetente demais para desligar essas vozes internas. Você não consegue fazer nada".

Só o fato de escrever isto me deixa muito irritada, porque já ouvi essas vozes muitas vezes e travei muitas batalhas com elas.

A professora e autora Brené Brown chama essas vozes internas de "*gremlins*".[21] Em minha cabeça sempre imagino os bonequinhos mágicos que eram tão populares entre as crianças na década de 1990, com seus cabelos coloridos e espetados e rostos amassados. São esses pequenos *trolls* mágicos desagradáveis dentro de nós que constantemente nos dizem que não somos bons o suficiente.

"Se quiséssemos ser apenas felizes, isso não seria tão difícil. Mas como queremos ficar mais felizes do que os outros, se torna difícil, porque achamos os outros mais felizes do que realmente são", disse o filósofo iluminista Montesquieu.[22] E ele nem tinha Instagram! Esse é o absurdo. Assim como pensamos, quando adolescentes, que todos, menos nós, são normais, pensamos, quando adultos, que todos, menos nós, têm suas vidas sob controle. Achamos que todas as pessoas têm uma casa superelegante e arrumada, filhos bem-comportados que nunca gritam, ótimas parcerias sem crises e empregos que as satisfazem e as tornam podres de ricas.

Max Richard Leßmann escreveu de forma maravilhosa em sua coleção de poesias *"Liebe in Zeiten der Follower"* ("Amor em tempos de seguidores"):

> A maioria das pessoas
> Que você conhece
> Que você pensa
> Que são muito mais felizes do que você
> Na verdade, elas estão pensando o mesmo
> Sobre você[23]

Deveríamos nos dar conta disso com muito mais frequência. Todos nós constantemente nos sentimos solitários, perdidos ou deixados de lado. Todos nós temos esses *trolls* mágicos dentro de nós que nos inundam com pensamentos ruins. Por que outros motivos para tantos livros tratare desse assunto?

Ethan Kross, por exemplo, escreveu um ótimo livro no qual dá estratégias para transformar nosso crítico interior em um mentor. O livro começa com uma citação cativante do jornalista Dan Harris: "A voz dentro de minha cabeça é idiota."[24]

Tive vários obstáculos em minha vida que me fizeram tropeçar. Minha deficiência visual, minha feminilidade, neuro dermatite, alergias, a forma do meu corpo, dois rompimentos dolorosos, dois esgotamentos que mudaram minha vida, minhas origens e até mesmo o conflito interno alemão quando comecei meus estudos em Leipzig em 2004 como alemã ocidental e tive pessoas me acusando de querer tomar seus empregos. Em todos esses momentos – e repetidamente na vida cotidiana – lutei com meus críticos internos.

Brown também descreve essas dúvidas em seu livro *A Arte da Imperfeição*: "O que as pessoas vão pensar se eu falhar ou desistir? Quando poderei parar de ter que provar meu valor aos outros?"[25]

Tenho certeza de que não sou a única a ter uma tropa inteira de *trolls* mágicos que parecem não estar exatamente do meu lado. A psicóloga Dra. Sophie Mort cita sete tipos de críticos internos em seu livro *Como Ser Humano*, conceitos de Jay Early e Bonnie Weiss.[26]

1. **O perfeccionista**: quer que você faça tudo de forma absolutamente perfeita. Estabelece padrões muito altos de desempenho (dificilmente alcançados), ou seja, você nunca é bom o suficiente.

2. **O controlador interno:** impede que você se deixe levar pelos seus impulsos controlando comportamentos que possam ser prazerosos, compulsivos ou viciantes. Se você ceder ele o culpa. Uma batalha constante.

3. **O capataz:** é impiedoso e fica pressionando você para que trabalhe o tempo todo. Chama você de preguiçosa e incompetente.

4. **O sabotador**: ele não quer que você enfrente riscos que possam te levar ao fracasso. Chama você de inútil e incompetente, abalando a sua autoconfiança e autoestima.

5. **O acusador:** fica culpando você por seus erros passados, fazendo com que você se sinta derrotada. Nunca perdoa.

6. **O conformista:** não permite que você expresse a sua individualidade, fazendo você se adequar às regras da sociedade, da sua família ou sua cultura. Ele não gosta de rebeldia nem de muita liberdade.

7. **O destruidor**: ataca seu amor-próprio, lhe diz que você não deveria existir. Suga toda sua energia. Isso pode causar doenças mentais graves.

Todos os críticos internos conhecem e nomeiam os extremos. Eles nunca são cuidadosos em suas palavras, mas sempre ferem, são agressivos e negativos. Eles colocam o dedo nas feridas.

Note que você é bem mais crítico consigo mesmo do que com os outros. Você é até simpático com seu vizinho inconveniente, mas impiedoso consigo mesmo. Isso não é assustador?

Acredite em mim, conheço muito bem todos os críticos internos. Principalmente o controlador e o capataz.

Quer um exemplo? Após oito anos de vida profissional, arrisquei-me a concluir um segundo programa de graduação – um MBA na WHU em Düsseldorf, a Otto Beisheim School of Management. A WHU é uma escola de administração de empresas muito renomada na Alemanha e está sempre entre as primeiras posições nos *rankings* internacionais. Foi um período incrivelmente enriquecedor e de mudança de mentalidade para mim. Eu, que sempre tive um *status* especial, de repente me tornei uma entre muitos, cercada por pessoas de todos os tipos, de várias nacionalidades. Foi então que eu percebi claramente que pertencer a uma grande empresa não era bem o que eu queria. Preciso de espaço, liberdade, uma vida em meu próprio ritmo, de acordo com minhas próprias regras.

E o que eu fiz depois de meus estudos? Fui contratada novamente. Toda vez que eu ameaçava desviar da minha rota o meu controlador interno me indicava a "direção certa" que eu devia seguir.

Cito a voz desagradável: "Você tem que aceitar. Com sua deficiência visual, você terá sorte se conseguir um emprego. Outros ficariam felizes em conseguir esse cargo, e você quer mais liberdade? Você deveria ser grata pelo que tem e parar de construir castelos no ar". O jogo mental geralmente terminava com: "Lina, quem você pensa que é?"

Não é de se admirar que esses pensamentos tenham me feito sentir pequena e que eu tenha escolhido o caminho seguro de um trabalho permanente. Além disso, na época, eu não sabia realmente como silenciar meu crítico interno.

Nesse meio tempo aprendi quais são as cinco estratégias que funcionam particularmente bem para mim quando os *trolls* mágicos voltam a se agitar. Aprendi sobre elas nos livros de Ethan Kross e da Dra. Sophie Mort – talvez elas também ajudem você.[27]

Cinco estratégias para lidar com seus críticos internos

1. Diálogo interno distanciado

É muito mais fácil aconselhar alguém que está a sua frente, portanto, eu me coloco na segunda pessoa:

"Lina, vamos decidir qual é a melhor forma de lidar com a situação. O que você acha que poderia ser feito? Que tal você imaginar uma outra maneira de resolver o problema?"

Esse pequeno truque linguístico garante que analisemos a situação de uma forma mais objetiva. Conseguimos pensar de forma mais racional e fazer julgamentos mais serenos porque, supostamente, não se trata de nós – e essa é uma base muito melhor para tomar decisões do que as reflexões emocionais que geralmente surgem quando estamos preocupados conosco.

2. Relativizar as experiências

Quando os críticos internos voltam a falar alto, eu me pergunto: é realmente tão ruim quanto eles dizem? Ou será que milhares de outras pessoas não estão neste exato momento passando pelo mesmo? Assim que 'desdramatizo' minhas experiências consigo respirar melhor novamente e entender que meus desafios e preocupações são completamente normais e que eu – como tantas outras pessoas antes de mim – vou conseguir de alguma forma superar tudo aquilo.

3. Distanciamento temporal

Quando não tenho certeza se uma decisão está certa ou se estou irritada com alguma coisa, tento projetar a situação para o futuro. Como me sentirei amanhã, em uma semana, em um mês, em um ano, em cinco anos e em dez anos? Isso me dá uma perspectiva melhor e me distancia do tumulto emocional do aqui e agora.

4. Dar nomes

Brené Brown os chama de *Gremlins*, eu os comparei aos *trolls* mágicos, outros chamam seus críticos internos de Jürgen, Regina, Annette ou o dragão Fridolin – de qualquer forma, pode ser útil dar nomes e rostos aos seus críticos internos. Se eles voltarem a falar alto, você pode deixá-los falar com a voz apropriada e depois dizer: "Cale a boca, Fridolin". Porque, ao dar nomes a eles, você ganha distância e percebe que essa voz não corresponde a todo o seu ser.

5. Receber apoio

Se eu não souber o que fazer, falo com pessoas que sabem. Parece ser muito mais fácil do que realmente é – porque o primeiro passo é admitir para nós mesmos que não conseguimos chegar a lugar nenhum sozinhos e, então, temos que nos aproximar de alguém. Você não faz ideia de como isso é enriquecedor. Criei uma rede completa de mentores. Sempre que leio uma entrevista interessante e quero perguntar algo, escrevo para eles. Quase sempre obtenho resposta. As pessoas gostam de ser úteis e ficam felizes em enriquecer os outros com seus conhecimentos. Algumas vezes até me ofereceram empregos em decorrência de meu comprometimento e sede de conhecimento!

Seja corajosa, aproxime-se de quem pode lhe ajudar e ensinar algo: se seus *trolls* mágicos internos começarem a perturbar, você saberá quem pode lhe socorrer.

Se você prestar atenção reconhecerá os momentos em que seus críticos internos estão mais uma vez falando alto em sua cabeça. Quanto mais você se observar, mais fácil será para você se distanciar de si mesmo. Você deverá ser capaz de observar essas situações como uma mosca.[28] Em outras palavras, como um observador não envolvido que pode descrever e ver a cena de forma racional, livre de vozes internas. Isso permitirá que você faça uma pausa nos momentos de estresse. Respire fundo. Analise as observações da mosca. E então diga a si mesmo: "OK, obrigado por sua opinião, pequeno *troll mágico. Vejo que você está orgulhoso! O que o resto da equipe interna diz?*"

Hora de organizar uma reunião estratégica: a equipe interna

Adoro o modelo de personalidade da equipe interna do psicólogo Friedemann Schulz von Thun, pois ele mostra a diversidade de nossa personalidade de forma maravilhosa. Todos nós conhecemos sentimentos contraditórios, mesmo que nunca tenhamos lidado com a equipe interna antes. Talvez você conheça aqueles momentos em que seu instinto diz *sim,* mas sua razão diz *não.* Ou quando se sente dividido – por exemplo, talvez você realmente queira ter filhos, mas tem pavor da perda de controle e autonomia que isso acarretaria. Você pode pensar nessas situações como conflitos dentro de sua equipe interna. Todos seus traços de personalidade estão sentados juntos à mesa e brigando.

Em 2018, eu descobri a minha equipe interna. Foi em um processo de mentoria muito intenso e então resolvi começar a trabalhar com ela.

Minha equipe é formada por muitas criaturas e animais – há o Fitz, por exemplo, que se parece com o elfo doméstico Dobby de Harry Potter, só que preto cintilante. Ele está sempre ao meu lado direito e é o guardião dos meus valores.

Há também um jaguar que sempre corre à minha frente, um cavalo e um Pégaso. Não vou falar muito sobre eles – não porque isso me deixa desconfortável, mas porque não quero influenciar você. Em vez disso, quero incentivá-la a olhar para dentro de si mesma e reconhecer sua equipe interna. Sejam pessoas, animais ou *trolls* mágicos – você decide por si mesma o que vê.

Há apenas um ex-membro da minha equipe interna sobre o qual eu gostaria de falar mais. Trata-se de Hugo. Ele se parecia com o Super Mario e sempre se sentava em uma cadeira de diretor com um iPad na mão. Minha vida era mostrada nesse iPad e Hugo decidia casualmente as regras do jogo. Eu sempre tinha que dançar conforme a música dele nessa "corrida da minha vida". Embora eu pudesse fornecer atualizações, trazer veículos melhores, obter os pneus mais recentes, treinar muito e melhorar a pista, a rota sempre permanecia a mesma, porque era definida por ele. Eu só podia dirigir nessa única pista.

No início, eu cambaleava pela pista em um *kart*, depois em um carro de F1, mas sempre na mesma pista de corrida estreita, que estava claramente demarcada. Por quê? Porque, do meu ponto de vista, essa era a única maneira de me sentir incluída. Hugo tinha me convencido a fazer isso. Pude mostrar o quão rápida eu era e do que eu era capaz nessa pista predeterminada. Recebi aplausos. Mas eu sempre me sentia deslocada. Sempre. Porque o caminho não era meu, tinha sido dado a mim.

É claro que havia a pergunta: por que eu não me soltava? À medida que me envolvia mais e mais com Hugo e os outros, percebia que Hugo não compartilhava sua opinião com ninguém. Todas as outras partes de mim diziam que eu poderia seguir um caminho diferente.

"Não dê ouvidos ao idiota. É um risco, mas você pode fazer isso. Mesmo que você não consiga perceber", disseram.

E quanto mais eu pensava sobre isso, mais eu me distanciava do Hugo. Ele era minoria. E tudo o que ele realmente fazia era irritar a todos com sua arrogância. Portanto, ele tinha que ir embora.

Agora faço uma reunião estratégica com minha equipe interna uma vez por trimestre. Na verdade, anotei essa data em minha agenda porque percebi como é enriquecedor e útil dar espaço a todas as perspectivas e partes de mim mesma.

Em seguida, eu me pergunto: "Estou me sentindo bem? Como estou me sentindo agora? Ainda está tudo certo?" Todos podem dizer o que pensam – dessa maneira posso avaliar muito melhor como realmente me sinto. Por exemplo, quando me deparei com a decisão, em 2019, sobre se eu deveria finalmente mergulhar no trabalho autônomo, todos os membros da equipe votaram *a favor*. Todos eles! Até os céticos ficaram convencidos. Como resultado, a decisão pareceu autodeterminada, bem pensada e segura. Não era uma voz que falava mais alto, eram todos os meus traços de personalidade que, apesar de seus conflitos habituais, estavam de acordo pela primeira vez. Portanto, quando você toma decisões com sua equipe interna, elas não são considerações *ad hoc*, mas convicções internas que correspondem exatamente a você e não se baseiam em atender às expectativas dos outros.

Você pode decidir por si mesma quais argumentos são mais convincentes, qual membro da equipe recebe um tempo de descanso e se o crítico interno pode ser ouvido hoje ou não.

É importante que eu diga o seguinte: como todas as emoções, o crítico interno também tem sua justificativa. Mesmo que à primeira vista pareça um "idiota", para citar novamente Dan Harris, às vezes ele tem uma função útil. Ele nos alerta sobre os perigos e chama nossa atenção para as possíveis consequências de uma decisão. E, às vezes, podemos realmente estar eufóricos demais, entusiasmados demais, ir longe demais – e assim como algumas barreiras teriam me feito bem aos vinte e poucos anos (mencionei os 140 pares de sapatos que nunca conseguiria usar), o crítico interno pode, às vezes, garantir que coloquemos o pé no chão novamente.

Com essa visão, talvez você não consiga banir completamente os críticos internos de sua equipe, mas definitivamente não deixará nenhum deles na cadeira do chefe e levará as outras vozes tão ou mais a sério.

COMO OBTER ACESSO À SUA
EQUIPE INTERNA

Se você ainda não pensou sobre sua equipe interna, os três exercícios a seguir podem lhe ajudar a conhecê-la melhor.

1. Faça um mapa mental: quando precisar tomar uma decisão, faça um mapa mental usando algum aplicativo ou a mão. Em seguida, tente visualizar os membros de sua equipe interna. Cada traço de personalidade recebe uma ramificação e você pensa em como esse traço se sente, o que ele pensa e quais objetivos ele está buscando.

2. Conduza diálogos: quando estiver sozinha, ouse deixar que os membros internos de sua equipe falem em voz alta e transfira seus diálogos internos para o mundo exterior. Discuta com você mesmo, mesmo que isso pareça um pouco estranho. Você perceberá quantas perspectivas valiosas tem dentro de si e como o diálogo é benéfico!

3. Escreva um diário: as autorreflexões e percepções podem variar de um dia para o outro. Às vezes um membro da equipe está mais presente, às vezes o outro. Tente registrar seus pensamentos em um aplicativo ou escreva a mão para tornar tangível sua própria diversidade. Isso a ajudará a perceber como sua equipe interna a influencia.

2

Onde há luz, também há sombra: um olhar honesto sobre si mesmo

Pessoas que não sabem nadar em tempos de crise

Existem situações que podem nos abalar profundamente, como separações, mortes, doenças, problemas de relacionamento, insatisfação no trabalho, estresse.

A palavra "crise" é frequentemente usada, principalmente na mídia, em vários contextos: crise de energia, crise ambiental, crise climática, crise da saúde, crise do coronavírus (e seus efeitos posteriores), crise no governo, crise na economia, assim como as guerras e desastres naturais. Estas "crises onipresentes" nos levam a uma crise muito séria, que é a crise existencial.

Entretanto, este livro não trata das principais crises políticas, sociais ou relacionadas ao clima. Estou falando de crises pessoais. Perda de emprego, doença, abortos espontâneos, morte de entes queridos, perda da casa. Situações que não afetam tanto os outros, mas que podem nos deixar muito abaladas e totalmente sem rumo.

Geralmente são nesses momentos que começamos a nos confrontar com nosso ser mais íntimo. De certa forma, conseguimos manter a cabeça acima da água quando corremos o risco de afundar. Só que, sinceramente, parece que já é tarde demais. Você jogaria uma criança que não sabe nadar na água e depois gritaria para ela o que fazer com a esperança de que a vontade de sobreviver dela a ajudasse a fazer os movimentos certos e sair nadando? Ninguém faria isso. Em vez disso, começamos em uma piscina rasa, seguramos a criança, usamos boias e pranchas para que ela vá ganhando autoconfiança gradualmente até que possa dar as primeiras braçadas por conta própria. Só nesse momento é que ousamos entrar na piscina funda junto com a criança – sempre presentes, atentos, cautelosos.

As crises são piscinas muito profundas. E, para a maioria de nós, parece que fomos jogados lá como se não soubéssemos nadar. Nos debatemos em pânico, não temos ideia do que fazer. Muitas vezes não temos estratégias para os momentos difíceis, pois nunca nos ensinaram a nadar.

Mas, afinal de contas, por que deveríamos aprender? Enquanto tudo estiver bem, enquanto estivermos relaxados em nossa zona de conforto, estaremos bem confortáveis. Por que entrar em uma piscina fria se você pode se refrescar ao sol? Quem quer falar sobre sentimentos desagradáveis, experiências ruins, crenças limitantes e dor nos bons momentos? Essas conversas são extremamente desanimadoras e estragam o clima.

Tenho boas e más notícias. Primeiro a má notícia: você nunca poderá evitar a dor. Se você tentar evitar as partes de si mesmo que gostam de ficar escondidas, elas acabarão se revelando – e todo seu castelo de cartas desmoronará. As pessoas que tendem a se reprimir, que são toxicamente positivas, que sorriem para tudo em vez de encarar suas deficiências, geralmente são mais afetadas pelas crises. Elas são arrastadas porque não estão preparadas, porque sempre suprimiram o pensamento de que coisas ruins poderiam acontecer na vida.

Mas agora temos a boa notícia: é possível criar resiliência. Carolin Runnquist, especialista em TI, autora e estudiosa a respeito do gerenciamento corporativo em crises, falou em uma empolgante palestra TEDx sobre como nós, indivíduos, podemos aprender a nos preparar para as crises exatamente como as empresas o fazem.[29] Isto traz muitas vantagens para os negócios e para a nossa vida.

O gerenciamento de crises organizado de forma preventiva é padrão em empresas bem administradas. E é exatamente assim que deve ser também para nós, seres humanos. Runnquist explica que devemos tomar precauções em três áreas: financeira, física e mental.[30]

• **Resiliência financeira**: faça uma "reserva de crise", pelo menos o suficiente para pagar seus custos fixos se o mundo virar de cabeça para baixo. Dessa forma você terá uma coisa a menos com que se preocupar.

• **Resiliência física**: alimentação saudável, sono reparador e exercícios – parece tão banal, mas só conseguiremos superar os momentos difíceis se estivermos em forma, nutridos e bem descansados. Sempre subestimamos esse ponto.

• **Resiliência mental**: identifique do que você precisa quando as coisas ficarem ruins. Defina seus valores e concentre-se neles muito antes da crise chegar.

Se você tiver refletido sobre suas crenças e valores, tiver encontrado uma maneira de lidar com suas emoções e souber o que espera da vida, as crises não o derrubarão com tanta força. E se você lidar com essa provisão enquanto estiver bem, o trabalho interno pode até ser divertido e mudar sua visão da vida para melhor. O crescimento em tempos de recursos abundantes é muito mais positivo do que o crescimento em tempos de dor. Porque se você se conhece, se sabe o que a moldou, o que a define, do que precisa e o que desencadeia suas ações, poderá realmente agir de forma autodeterminada.

É exatamente isso que estou fazendo agora. Estou controlando minhas finanças, cuidando melhor do meu corpo e da minha cabeça, fazendo pausas, ouvindo a mim mesma repetidamente. Mesmo quando tudo está bem. Principalmente nesse momento. E, por experiência própria, posso dizer que essa autodeterminação é muito boa.

SOCORRO, A CRISE CHEGOU! MINHAS ESTRATÉGIAS
PARA O GERENCIAMENTO DE CRISES

1. Perceber que é uma fase. E as fases passam. Não vai doer assim para sempre.

2. Tentar analisar a situação da forma mais racional, se possível, de fora. E depois: seja ativa e tome uma atitude. Concentre-se no assunto, no problema e na solução – é bom enfrentar as coisas.

3. Lembre-se de seus sucessos. Você sobreviveu a outras situações difíceis. Portanto, você também conseguirá desta vez.

4. Seja gentil consigo mesma e permita-se fazer pausas. Dê-se algum tempo, pratique um esporte, faça meditação, vá ao cinema, encontre seus amigos.

5. As rotinas são mais poderosas do que você imagina. Crie uma estrutura que permita que você coloque um pé na frente do outro e saiba o que precisa fazer todos os dias.

6. Você não precisa fazer isso sozinha. Monte uma equipe de apoio que lhe dá a sensação de segurança e proteção. Não se trata de delegar a solução do problema a outros, mas de se sentir ouvida, reconhecida e valorizada.

Aceleração total até a exaustão

Você deve estar pensando: *Essa Lina sabe tudo! Vem com dicas de gerenciamento de crise, como se ela estivesse fazendo tudo certo o tempo todo!* Mas não é bem assim. Eu estava na mesma situação daquelas pessoas que se debatiam impotentes durante as crises. Eu também tive que aprender tudo isso de forma muito dolorosa.

"A vida só pode ser compreendida olhando-se para trás, mas só pode ser vivida olhando-se para a frente", disse o filósofo e teólogo dinamarquês Sören Kierkegaard.[31]

Vamos colocar as coisas desta forma: passei por muitos contratempos e posso lhe dizer que aprendi muito com isso. E eu tenho esperança de que eu consiga com que você, querida leitora, reflita sobre tudo isto de forma que, quando tiver que enfrentar sua próxima crise, ela não se apresente tão ameaçadora. Talvez você aprenda a nadar melhor do que eu. Talvez consiga se manter firme durante a tempestade.

Foram necessários dois *burnouts* para que eu realmente percebesse que precisava procurar uma saída.

Meu primeiro esgotamento me atingiu em fevereiro de 2013. Muita coisa havia acontecido antes de eu entrar em colapso. Entre outros acontecimentos, um rompimento doloroso, cinco anos antes.

Na época eu tinha um relacionamento muito feliz com meu namorado e estávamos planejando um futuro juntos. Tínhamos, inclusive, ido para o Brasil. Esse foi um grande passo para mim, porque é onde estão minhas raízes. Além disso, até hoje eu sou feliz no Brasil de uma forma como nunca fui na Alemanha. Então decidimos viajar juntos para o meu lar do coração. Eu o apresentei a amigos e familiares, mostrei a ele lugares da minha infância. Nem sei se ele percebeu o grande passo e o voto de confiança que essa viagem representou para mim. Naquela época, eu tinha certeza de que queria passar minha vida com esse homem. Já tínhamos até comprado um apartamento. O plano estava traçado: eu queria me mudar com ele para Stuttgart no final do meu contrato de trabalho. Ele já havia se mudado para o apartamento antes de mim quando, de repente, ele terminou comigo. Sem mais nem menos, por e-mail. De forma totalmente inesperada, dois dias depois de sua mudança. Dois dias depois dele ter enfatizado o quanto me amava. Seu e-mail veio do nada para mim. Ele me escreveu falando sobre a mulher maravilhosa que eu era, enfatizou minha grandeza em todas as suas facetas e concluiu com a frase de que eu era a melhor – só que não era a mulher certa para ele.

Essa sensação de que minha vida havia desmoronado da noite para o dia, de que todos os meus planos para o futuro haviam fracassado com um e-mail e de que eu não havia previsto nada disso foi bastante estressante, para dizer o mínimo. Eu estava acabada. Ainda não consigo me lembrar dos três meses que se seguiram a esse e-mail. Meu trabalho não foi afetado, estava indo bem. Mas algo dentro de mim estava destroçado.

Essa separação também desencadeou em mim uma experiência que eu tinha vivido no passado. Quando eu tinha 15 meses de idade meus pais resolveram viajar para o Brasil, só que, naquela época, era muito difícil viajar com um bebê. Eles decidiram que eu devia ficar com meus avós. Não apenas por algumas horas, mas por duas semanas inteiras. Até hoje meus pais ainda se culpam por isso.

A profunda mágoa dessa experiência traumática voltou à tona no momento da separação. A sensação de estar à mercê dos outros e não poder fazer nada a respeito, de ser deixada sozinha. Não ser digna de ser amada.

Isso foi o fim de tudo. Eu não queria mais esses sentimentos. Não queria mais ser dependente, não queria mais apenas reagir, queria agir. Eu queria evitar ficar tão emocionalmente sobrecarregada novamente. Por isso voltei a me esforçar. Depois que superei o choque inicial do rompimento quis viver a vida ao máximo. Eu dava festas, gastava muito dinheiro, consumia muito e bebia álcool em excesso regularmente. Ao mesmo tempo, eu trabalhava como uma louca.

E então, depois de um longo período de silêncio, houve um encontro com o ex-namorado em questão, que ocorreu uns dois anos após o rompimento repentino. Eu simplesmente precisava saber qual tinha sido o motivo da separação e resolvi falar com ele para que eu pudesse entender melhor e colocar um ponto final em tudo.

"Você está linda", disse ele ao me ver. Eu sorri. "Bom começo, minha querida", pensei.

Quando lhe perguntei o que o levou a enviar esse e-mail, ele admitiu que havia percebido, durante sua viagem ao Brasil, que nunca seria capaz de me oferecer o tipo de vida que tinha visto lá – e que eu provavelmente nunca seria uma mulher que o esperaria com o jantar à noite.

Eu ri alto. *Esse* foi o motivo? Ele só percebeu isso tão tarde, depois de um longo relacionamento? Fiquei atônita – e aliviada, porque não, eu nunca seria esse tipo de mulher.

Então eu disse talvez a frase mais legal da minha vida: "Olha, vou te dar um conselho: se você só tem competência para dirigir um

Volkswagen, não deve comprar uma Ferrari". Encerrei a conversa, nos despedimos e pronto.

Sim, eu me senti aliviada, orgulhosa e saí da conversa como uma vencedora – pelo menos foi essa a minha sensação. Mas isso também mostrou que, mais uma vez, eu estava pisando demais no acelerador. Eu me senti como se estivesse na pista rápida, eu realmente era a Ferrari que mencionei. Eu estava jogando cada vez mais de acordo com as regras do jogo: queria ser vista como uma Lina forte que nada nem ninguém haveria de derrubar.

Você deve se lembrar dos padrões de pensamentos perturbadores de Petra Bock,[32] aqui ficaram bem claros o meu pensamento crítico, o meu pensamento rígido baseado em regras, a minha autonegação e a minha motivação excessiva.

Sempre coloquei minhas necessidades em primeiro lugar e segui o roteiro que meus *trolls* mágicos internos me disseram para seguir. Lina bem-sucedida em modo de aceleração total. Nunca admitindo fraqueza, nunca sendo uma vítima. Sempre provando que não devia ser subestimada.

Eu estava me sentindo muito bem naquele momento, principalmente porque eu estava trabalhando no setor de feiras comerciais, que era o que eu mais queria. Além disso, eu fazia parte de um time que eu adorava. Éramos apenas três pessoas: Anna, Fabian e eu. Éramos como unicórnios entre cavalos, o trio infernal. Como desenvolvedores de produtos, tínhamos uma função especial na empresa e podíamos fazer praticamente o que quiséssemos. Era simplesmente fantástico. Tínhamos muita liberdade, muita motivação e muita diversão. Eu adorava ir trabalhar todos os dias.

Mas no verão de 2011 a equipe foi se desfazendo aos poucos. Surgiram novas regras que precisávamos seguir. Escritórios abertos, limites mais rígidos, expectativas diferentes. A sensação de liberdade continuou a diminuir. Entre outras coisas fui criticada por não ser sociável o suficiente, pois saía para tomar café pela manhã e "negligenciava" as conversas. Ainda hoje vejo isso de forma diferente. Acho que é errado fingir interesse em coisas que não são importantes para mim. Conversa fiada ou até mesmo fofoca e blasfêmia sugam a minha energia. Por isso decidi, *em favor de mim mesma e de meus valores*, abster-me dessas conversas. Mas meus superiores não entenderam isso. E é claro que tentei me adaptar de alguma forma. Tentei me adaptar às novas regras da melhor maneira possível. Continuei traindo meus próprios valores e nem percebi o quanto isso era exaustivo.

Burnout: o primeiro

Depois de um ano e meio nesse novo sistema ao qual eu estava tentando me adaptar, minha alma desligou da tomada. Eu estava em casa e o marido de uma amiga vinha pegar folhetos para um evento. Quando a campainha tocou, fui até a porta da frente e trocamos algumas palavras. Eu estava bem, pelo menos era o que eu pensava. Mas quando entreguei os folhetos, minhas luzes se apagaram. De repente, meus ouvidos começaram a zumbir, náusea e cansaço percorreram meu corpo e tudo ficou preto.

Quando voltei a mim, estava sentada no meio-fio. Meu amigo havia me socorrido e cuidadosamente me sentou. "Oh, Deus, que vergonha", pensei. Esfreguei a testa e os olhos, murmurei um pedido de desculpas e quis me levantar o mais rápido possível.

Mas, assim que tentei me levantar, perdi a consciência novamente.

É importante esclarecer: eu normalmente não desmaio. Sei que há pessoas que sofrem de pressão arterial baixa e, como resultado, têm desmaios. Eu não sou uma delas. Até hoje, isso aconteceu comigo exatamente duas vezes na vida – durante meus dois *burnouts*.

Então, lá estava eu na rua, meu corpo estava falhando e meu amigo estava compreensivelmente preocupado com a situação. Felizmente, meu colega na época, Fabian, morava na casa ao lado. Meu amigo tocou a campainha da porta dele e juntos tentaram me levar para o meu apartamento no primeiro andar. Eles me carregaram. Perdi a consciência mais três vezes durante a curta viagem.

Lembro-me vagamente de frases como "Isso não é normal" e "Temos que levá-la ao hospital". Por fim, chamaram uma ambulância com medo de que eu não aguentasse a viagem de carro.

E, embora muitas vezes eu gostasse de bancar a forte, fiquei feliz por terem me levado para ser examinada. Essa experiência de desmaio me assustou. O que havia de errado comigo? Eu fui ao endocrinologista, neurologista, cardiologista e outros médicos, mas ninguém conseguiu encontrar nada de errado comigo. Eu estava perfeitamente saudável. Fiquei de licença médica por apenas quatro dias.

De fato, era uma boa notícia estar fisicamente saudável. Mas o que tinha provocado todo aquele mal-estar? Eu precisava saber.

Quando recebi alta sem um diagnóstico específico, liguei para meu pai.

"O que há de errado comigo?", perguntei desesperadamente. "Por que ninguém consegue me dizer o motivo de eu estar desmaiando de repente? Você acha que eu deveria consultar um especialista novamente?"

Meu pai ficou em silêncio por um momento e eu o ouvi suspirar baixinho. Então ele disse: "Lina, acho que você sabe qual é o seu problema. Você só não o vê. Gostaria de conversar com alguém?"

Senti um nó na garganta e tive que engolir com força. Agora era eu que estava em silêncio. Meu pai não gosta muito de psicólogos. Ele é uma pessoa altamente racional, nunca foi capaz de lidar muito com o "sentimentalismo". Portanto, nesse aspecto, a palavra dele tinha peso: se ele dissesse algo assim, isso significava muito. Eu concordei docilmente.

Foi assim que acabei chegando à Sra. Berg. Ela não era apenas uma terapeuta, mas também uma mentora – e um golpe de sorte enorme para mim.

A Sra. Berg morava e exercia sua profissão em uma linda casa de campo isolada – eu sempre a descrevia como uma "casa de feiticeira", no melhor sentido da palavra. Sua sala de terapia e treinamento era integrada à sua casa e tinha uma grande janela na frente, pela qual a luz quente do sol incidia sobre o sofá de canto. Durante nossa primeira sessão sentei-me na beirada do sofá e alternei entre olhar para minhas mãos apoiadas no meu colo e o rosto da Sra. Berg, que me fitava abertamente.

"O que a traz até mim?", perguntou ela.

Limpei minha garganta. "Eu caí."

Silêncio. A Sra. Berg esperou.

E então tudo saiu de dentro de mim. Toda a situação no trabalho, minha vida de viajante, minha deficiência visual, minha busca por pertencimento e identidade, tudo de uma vez. Eu estava fazendo o meu melhor. Eu estava falando sobre minha deficiência visual. Eu estava fazendo tudo certo, ou pelo menos estava tentando.

"Imagine uma montanha", tentei descrever meu sentimento para ela. "Eu simplesmente caí. Como um personagem de desenho animado, tombei várias vezes, parecia quase engraçado e absurdo o modo como tombei. E agora estou deitada aqui no vale, no fundo. Meus óculos estão na frente, meus sapatos estão atrás, minha bolsa se abriu e todas as minhas coisas estão espalhadas ao meu redor. E o pior é que não tenho ideia de como vou me levantar novamente. Não consigo me levantar".

Talvez você conheça a personagem azul Tristeza, do filme de animação "Divertida Mente" (produzido em 2015 pela Pixar): foi assim que me sentia, triste e totalmente sem energia.

A Sra. Berg ouviu atentamente e fez anotações. Quando ela percebeu que eu havia terminado, olhou para mim por um longo tempo.

"Ouvindo tudo isso...", ela hesitou um pouco, "parece-me uma depressão reativa devido ao *bullying*".

Naquele momento, o fogo que parecia ter sido extinto foi reacendido em mim. Em segundos, a Tristeza se transformou em outra figura familiar daquele filme, a Raiva, personagem revoltada e furiosa.

"*Bullying*?! Eu não sou uma vítima!", gritei.

A terapeuta poderia ter me dito muitas coisas, mas se há uma coisa que nunca fui, foi ser vítima. Posso ter sido acusada de tudo, mas nada que eu não tenha podido lutar e me livrar para evitar acabar no papel de vítima. Sua frase me atingiu em cheio.

Eu a repreendi, discuti, fiquei furiosa. Expliquei em voz alta o motivo dela estar errada.

A Sra. Berg me deixou falar. Com seu jeito calmo, ela simplesmente esperou até que eu me acalmasse um pouco.

"Você já pensou o quanto você está exigindo de você mesma?", perguntou ela, enquanto eu respirava de forma ofegante e tentava me acalmar. Essa pergunta me fez congelar, porque ela revelou um fato que eu vinha tentando suprimir há anos.

Eu tinha me maltratado. Eu tinha exigido de mim a perfeição, sem nunca ter desistido, sem nunca me ter me permitido ser imperfeita.

"Você pode me ajudar?", perguntei.

"Sim, eu posso", disse ela.

Eu vivia me convencendo que estava errada. Ignorava todos os sinais que indicassem que algo não andava bem: queda de cabelo, dor de estômago, insônia. Meu lema era continuar.

Mesmo após o colapso, quando voltei ao escritório pela primeira vez depois de quatro dias, procurei meu chefe na época e disse: "Sinto muito, mas nos próximos meses vou precisar voltar para casa depois de oito horas de trabalho".

Fiquei com a consciência pesada por não ter condições de trabalhar mais do que oito horas. Porque, na época, eu achava que era normal trabalhar duro até altas horas. Sentia que estava reduzindo a marcha quando "só" dava 100% de mim. Hoje, balanço a cabeça e penso: Como pude ser tão indiferente ao que estava acontecendo dentro de mim?

O meu esgotamento aconteceu, principalmente, por eu ter constantemente negado a mim mesma os meus valores e as minhas convicções. Eu havia seguido rigidamente todas as regras externas e tentado me adequar a uma imagem em vez de ouvir o que eu precisava para me sentir bem. A Sra. Berg foi uma grande companheira nos meses que se seguiram ao meu colapso. Embora no início dos nossos encontros eu estivesse distraída e exausta, graças a ela recuperei cada vez mais minha força e meu vigor.

O *burnout* pode ter muitas faces. O termo foi cunhado na década de 1970 pelo psicólogo americano Herbert Freudenberger, que o usou para descrever "um estado de exaustão física e mental ao qual os profissionais de saúde, em particular, estão frequentemente expostos".[33] Hoje sabemos que não apenas esses profissionais, mas qualquer pessoa pode ser afetada pelo *burnout*, independentemente de seu cargo ou sua profissão. "A síndrome de *burnout* é uma condição de risco que ocorre como resultado de uma sobrecarga de trabalho de longo prazo. Ela aumenta o risco de doenças mentais e, geralmente, ocorre junto com doenças mentais ou físicas, por exemplo, depressão, ansiedade ou distúrbios do sono." [34]

É difícil diferenciar claramente os sintomas. Alguns dormem mal, outros se tornam pouco criativos e entediados. Alguns – como eu – desmaiam, outros têm dores não específicas.

Além disso, os sintomas da depressão e do esgotamento podem ser semelhantes, como, por exemplo, falta de motivação e mau humor. Às vezes o *burnout* e a depressão podem andar de mãos dadas. Portanto, é importante que você obtenha um diagnóstico preciso que realmente determine uma distinção e que receba exatamente as recomendações de que realmente precisa. Fique longe de qualquer autoteste de 10 perguntas na internet! Isso não faz nenhum sentido, pois dez perguntas nunca podem cobrir os muitos sintomas das doenças mentais. Se você sentir que algo está errado por um longo período, procure orientação médica. É melhor uma consulta a mais do que uma a menos. Isso não significa que você esteja se lamentando ou seja fraca. Se quebrar a perna, você não vai ao médico e diz "Estou bem, só dormi mal", não é mesmo? Veja sua psique como parte de você. Se algo estiver errado, você deve procurar um profissional.

A descoberta de minha diversidade

O colapso e a terapia me fizeram progredir muito.

Comecei a compreender melhor quem eu era e do que precisava. Até então minha vida tinha sido exemplar, respeitável e até admirável. Mas não era a *minha* vida. Eu estava vivendo de acordo com os valores de outras pessoas, tentando atender às expectativas e me encaixar. Mas nunca me perguntei o que *eu* realmente queria. Como eu estava realmente me saindo nesses empreendimentos.

Você faz isso? Você se pergunta como está se saindo? E, em caso afirmativo, você responde honestamente?

O teste de personalidade Birkman foi para mim um divisor de águas. Seu objetivo é traçar um quadro abrangente da personalidade e do comportamento de uma pessoa para entender melhor como ela age em diferentes situações e como interage com os outros.

O objetivo é identificar o comportamento e as necessidades normais de uma pessoa.

O comportamento normal descreve como uma pessoa age naturalmente em situações cotidianas e reflete suas ações visíveis e observáveis. As necessidades, por outro lado, representam as motivações e expectativas de uma pessoa que orientam seu comportamento.

As necessidades são como um sistema operacional para nossas vidas. Elas guiam nossos pensamentos, sentimentos e ações, influenciam nossa tomada de decisões e a maneira como interagimos com os outros. Quando nossas necessidades são atendidas, agimos em um estado de equilíbrio e satisfação, o que leva a interações mais eficazes e satisfatórias. Quando nossas necessidades não são atendidas, isso pode desencadear estresse e fazer com que ajamos de forma não condizente com nosso comportamento habitual.

Uma consciência clara das próprias necessidades e do próprio comportamento permite que as pessoas levem uma vida mais autêntica e proativa. O autoconhecimento e a adaptabilidade são os principais pontos fortes do Método Birkman.

No meu caso, o teste de Birkman mostrou que meu comportamento normal, ou seja, o que as pessoas percebem de mim do lado de fora, não corresponde às minhas necessidades ou ao meu estado de estresse.

Entre outras coisas, o teste confirmou o que eu já sabia: que meu ponto forte é o *networking*. Mas somente quando estou em meu melhor momento e me sentindo bem é que consigo conectar as pessoas eficientemente, torná-las "visíveis".

É verdade que isso pode parecer um pouco estranho, já que eu realmente não as vejo. Mas isso prova mais uma vez que o que conta não é ver com os olhos, mas com o olhar profundo do coração. Quando somos compreendidos, quando alguém nos ouve, nos leva a sério e reage com empatia, quando alguém aprecia e leva em conta nossos pensamentos, então nos sentimos vistos.

É exatamente esse sentimento que posso transmitir a outras pessoas colocando-as em contato umas com as outras, abrindo seus corações.

No entanto, se eu não tiver tempo suficiente para mim, entro no meu comportamento de estresse, fico impaciente na presença de outros e quero me retirar. Se não fizer isso, as coisas ficam cada vez piores. Então meu superpoder se enfraquece e começo a me sabotar.

Porque minha necessidade básica não é estar cercada por muitas pessoas o tempo todo, como você pode pensar, mas ter momentos em que eu esteja sozinha comigo mesma e em paz.

Quando entendi que essas supostas contradições, que também estão presentes em outras áreas da minha personalidade, não são tão fáceis de serem reconhecidas por fora (eu mesmo mal as reconhecia), tornei-me muito mais aberta e autoconfiante. Abordei proativamente essas ambivalências e minhas necessidades com mais frequência, para que os outros pudessem me avaliar melhor.

Quando comecei meus estudos eu comuniquei que tinha uma deficiência visual – agora eu comunicava mais especificamente quem eu era, com toda a diversidade de minha personalidade.

Consegui compartilhar minha realidade muito melhor porque me perguntei qual era a minha realidade. Percebi que não se tratava de levar a melhor vida possível, mas uma vida que se adequasse a *mim*.

Uma etapa importante no processo de descoberta de mim mesma: terminei com Marc, meu namorado na época. Tínhamos nos juntado em 2012 e ele havia dito, desde o início, que não queria um relacionamento monogâmico, mas um relacionamento aberto.

"Sim, sim", pensei comigo mesma. Parte de mim levou em conta que muitos amigos meus estavam em relacionamentos abertos. Provavelmente é assim que se faz agora, pensei, então eu poderia experimentar. Talvez eu me desse bem com isso, tentei me convencer. E outra parte de mim pensou: "Marc, você simplesmente ainda não encontrou a mulher certa. Mas agora estou aqui". (Hoje bato minha mão na testa quando penso nisso.)

Tudo correu bem por dois anos. Não sei se ele estava realmente envolvido com outras mulheres durante esse período. Só sei que em 2014 eu finalmente estava pronta para contar esse segredo aos meus amigos e à minha terapeuta. Até então eu fingia para todos que estávamos em um relacionamento monogâmico por medo de que eles apontassem a verdade: que eu não era o tipo de pessoa para um relacionamento aberto e que precisava terminar tudo. E foi exatamente isso que aconteceu quando lhes revelei a minha situação.

"Lina, não é isso que você quer."

"Como você pode viver com isso?"

"Você está procurando por algo completamente diferente."

É claro que eles estavam certos.

Sei que há muitas pessoas que se sentem limitadas e desconfortáveis em relacionamentos monogâmicos. Adoro quando novos modelos de relacionamento, sejam eles quais forem, funcionam. O importante é que você realmente precisa querer isso e não fingir e se curvar para outras pessoas. Ouça seu coração e suas necessidades. O amor é uma parte essencial da vida e você deve poder vivê-la exatamente como lhe convém. E, infelizmente, um relacionamento aberto não me convinha.

Portanto, foi com o coração pesado que procurei um diálogo. Estávamos sentados em um belo café em Estocolmo – Marc e eu tínhamos tirado umas férias curtas na Páscoa. Ele estava folheando um guia de viagem, eu estava tomando meu café com leite.

"Marc, preciso lhe contar uma coisa", comecei, finalmente.

Ele olhou para cima. "Pois não?"

"Tenho que colocar as cartas na mesa. Não posso continuar com isso, com o nosso relacionamento aberto", eu disse após um momento de hesitação. Olhei para ele e depois desviei o olhar rapidamente.

Marc olhou primeiro para mim, depois para o seu guia e, finalmente, para a rua, onde as pessoas passavam apressadas, alheias ao fato de que um caso de amor estava terminando.

"Então teremos que nos separar", disse ele com surpreendente determinação. "Tenho apenas 30 anos de idade. Ainda não posso me comprometer com uma mulher."

E foi isso. Doeu por ele ter tanta certeza. Porque, afinal, eu não era a supermulher que o havia feito mudar de ideia.

Mas também me senti bem, porque esse segredo que eu estava carregando comigo durante todo esse tempo finalmente havia desaparecido. Parecia que alguém estava tirando um enorme peso do meu peito e eu finalmente podia respirar novamente. Eu havia seguido meu coração. Era o meu caminho. Não o dele.

Não só mudei minha vida pessoal, mas também minha vida profissional. Deixei meu emprego na Messe Leipzig que, na minha percepção, tinha contribuído para o meu *burnout*. Ousei voltar para a universidade depois de oito anos trabalhando. Essa não foi uma etapa fácil para mim, especialmente porque meu pai não estava muito entusiasmado. Para ele, um contrato de trabalho permanente era como ganhar na loteria. Mas eu queria desistir e ir para uma escola de administração que custava dezenas de milhares de euros.

"Isso é um sonho impossível", disse ele quando lhe contei sobre meus planos. "Acho que não faz sentido. Você pode estudar enquanto trabalha. Não deve colocar todos os seus ovos em uma única cesta."

Mas eu fui em frente. Eu havia crescido e não me deixava levar mais pela opinião dos outros. A propósito, meu pai agora diz que tanto meus estudos na faculdade de administração quanto minha mudança para o trabalho autônomo, que ele havia visto com o mesmo ceticismo em 2019, foram umas das melhores decisões da minha vida.

Já mencionei que os 18 meses na WHU foram uma mudança de mentalidade para mim. Graças às estadias no exterior – Índia, China e Chicago –, bem como ao grupo internacional de colegas estudantes, pude viver plenamente esta experiência como um "unicórnio cintilante". Eu não era "a alemã ocidental" que tirava os empregos dos "alemães orientais" ou "a brasileira" que era sempre muito animada e direta demais para os "alemães" – eu era, simplesmente, uma entre muitos. Ninguém aqui era "normal" no sentido que eu sempre definiria como normalidade. Éramos todos coloridos. Ser diferente era normal aqui.

Mas, em meu íntimo, eu tinha o desejo de ter uma carreira "adequada". Não me concentrei em minha vida particular, mas sempre em meu desenvolvimento profissional. Exatamente como havia aprendido em casa, porque era assim que meus pais viviam. O trabalho em primeiro lugar. Foi por isso que dei tudo de mim em minha tese final em 2016.

Uma breve retrospectiva do meu primeiro programa de graduação: em 2007, precisei de muito apoio com minha monografia devido à minha deficiência visual. Uma pessoa teve de ir comigo à biblioteca e pesquisar a literatura básica comigo. Depois, outra pessoa teve de examinar os índices dos livros comigo em casa, uma teve de corrigir meus textos, outra teve de verificar as referências. E assim por diante. Minha monografia é minha propriedade intelectual, mas um total de seis pessoas estiveram envolvidas para me apoiar. Não é de se admirar que eu tenha sentido que não merecia esse diploma. Foi aí que a síndrome da impostora entrou em ação, ou seja, a ideia de que você não merece seu próprio sucesso.

Em 2016, quando me formei em meu MBA, muita coisa havia mudado. Eu podia fazer citações não apenas da literatura impressa, mas também de audiolivros, havia uma quantidade incrível de conhecimento especializado em bibliotecas digitais que eu podia ler sem ajuda, graças ao *software* de ampliação e à função de leitura em voz alta. Graças ao progresso tecnológico, escrevi minha monografia completamente sozinha. Dediquei todo meu tempo e energia a ela, pois queria impulsionar minha carreira. Fiquei muito orgulhosa quando terminei com a nota máxima. Essa nota era só minha.

Burnout: o segundo

Agora você pode pensar: "Tudo está bem com Lina! Ela se livrou daquele rapaz, finalmente largou o emprego que a estava levando ao esgotamento e, apesar de todas as dúvidas externas, concluiu um curso que foi realmente bom para ela em todos os aspectos".

Tudo está bem quando acaba bem...

Espere um pouco! Por que este capítulo se chama "*Burnout*: o segundo"?

Sejamos francas: eu não havia aprendido tudo nem de longe. Depois de me formar na WHU, voltei para um trabalho permanente, seguindo uma necessidade de segurança que me persuadia constantemente do lado de fora. *Como mulher com deficiência, tenho sorte de ter encontrado um emprego tão bom.*

Lá estavam eles novamente, os críticos internos. O conformista, em particular, tornou-se muito barulhento, levando-me a seguir "as regras". Em primeiro lugar, eu não questionei quem havia estabelecido essas regras, ou se elas só existiam na minha cabeça, mas o pequeno *troll* mágico me avisou que, como pessoa com deficiência visual, eu já estava recebendo ajuda demais e agora eu não deveria me rebelar e sair do sistema, pelo menos profissionalmente.

Eu disse a mim mesma que o *troll* estava certo. Que eu tinha sorte de poder seguir uma carreira normal. Ignorei meu desejo de independência e liberdade.

O melhor amigo do conformista era o sabotador. Ele evitava correr riscos e me disse que eu definitivamente não seria capaz de lidar com o fracasso se me aventurasse como autônoma. Era melhor não correr nenhum risco.

Então, em março de 2017, comecei em um trabalho fixo novamente. E, apesar de minha resistência interna inicial, me senti surpreendentemente confortável. Foi um começo perfeito, muito melhor do que o esperado. Eu estava preparada, tive discussões construtivas e abertas com meus novos membros da equipe e superiores, falei sobre o que fazer e o que não fazer no trabalho conjunto, sobre minhas necessidades e limitações e fui completamente transparente. Minhas necessidades de liberdade e independência foram levadas a sério e pude organizar meu trabalho da maneira que me convinha.

Agora eu fiz tudo certo, pensei. Agora sei como funciona. Agora nada pode dar errado. Eu sei o que quero, os outros também sabem e concordam.

Porém, apenas quatro meses depois, houve uma mudança de gerência. Percebi imediatamente que a química não estava boa e que a nova líder não conseguia lidar com minha necessidade de liberdade. Essa colaboração não daria certo. Então, levantei a questão com a outra gerente que havia me contratado.

"Vamos lá", disse ela, "dê-lhe uma chance. Ela ainda é nova aqui. Tudo vai dar certo."

Eu teria adorado bater os pés como uma criança ou me jogar no chão e bater os punhos no chão.

"Não vai", previ. "Eu posso sentir isso."

"Pelo menos tente." E com essas palavras, me retirei.

Tive a sensação de estar assistindo a dois trens se aproximando, um em direção do outro. A colisão era inevitável. Foi desesperador.

Antes do meu primeiro esgotamento, em 2013, a ideia de que eu não era capaz de prever o que aconteceria comigo a tempo me atormentava constantemente. O término do relacionamento por e-mail, a mudança na minha equipe e, sim, a deficiência visual também. Tudo parecia me surpreender e tudo estava fora do meu alcance. Como ondas enormes que me atingiam de repente e me levavam pela correnteza.

Agora eu via as ondas vindo em minha direção. Pedi um barco, uma prancha de surfe ou... pelo menos uma boia. Mas não consegui nada disso. Eu havia aprendido a ser transparente e aberta, mas isso não deu em nada.

Antes eu não era capaz de antever nada, agora eu estava vendo e anunciando o que vinha, mas ninguém me dava ouvidos. Minha voz não tinha peso. E isso era muito pior do que ser surpreendida pelo infortúnio.

Nos cinco meses seguintes, observei minha piora progressiva. Eu não dormia, mal comia, tinha queda de cabelo. Cada vez mais erros apareciam em meu trabalho, eu era menos produtiva. Ao mesmo tempo não conseguia aceitar esses erros e meu cansaço, então me esforçava ainda mais. Era um círculo vicioso. Eu ficava no escritório, hora após hora, tentando corrigir o que havia feito de errado anteriormente. Quando me deitava na cama, meus críticos internos falavam alto e me diziam que eu era um fracasso. Assim, eu me esforçava todos os dias, mais obstinadamente do que nunca, para provar que essas vozes estavam erradas.

Até que um dia tudo acabou. Eu estava conversando com minha antiga gerente novamente sobre como trabalhar com a nova líder, como as nossas personalidades não combinavam e como eu precisava de mais liberdade. "Oh, Lina. Você é e sempre será o nosso cavalo selvagem", ela rebateu.

E então aconteceu. Tudo começou a piscar. Eu me segurei no batente da porta, mas já era tarde demais. Perdi a consciência novamente. No meio do escritório, no meio de uma conversa.

Meu desmaio em 2013 deveria ter sido uma lição para mim. Em vez disso, apenas quatro anos depois, eu estava no mesmo ponto... Qual foi a sensação? Para ser sincera, fiquei com vergonha de mim mesma. A percepção de que eu estava vivenciando a mesma situação foi extremamente frustrante.

A decepção como o fim do engano

Esta afirmação não podia ter sido mais dolorosa para mim: eu estava decepcionada comigo mesma. Fiquei desapontada por não ter conseguido atender às expectativas que havia colocado em mim e por ter me sabotado novamente.

Vamos dar uma olhada mais de perto nesse conceito de decepção. Durante muito tempo, a frase "Estou decepcionado com você" era praticamente a pior coisa que poderia ser dita para mim. Eu não queria decepcionar ninguém – porque isso seria exatamente o oposto de pertencer, não é mesmo?

Mas, pouco a pouco, percebi que a "decepção" não me pertencia. Se alguém fazia suposições a meu respeito, eu não tinha nada a ver com isso.

Vejamos um exemplo simples: meu gato espera que eu lhe dê algo para comer toda vez que entro na cozinha. Isso acontece cerca de 27 vezes por dia. Eu o desaponto 25 vezes por dia por não lhe dar nada. Isso não acontece por eu ser uma pessoa ruim, mas porque as expectativas *dele* estão erradas. Não posso tirar essas decepções dele porque não posso mudar suas falsas suposições. E nem preciso assumir a responsabilidade por isso.

E o mesmo acontece nos relacionamentos interpessoais. Muitas vezes esperamos coisas de nosso parceiro sem compartilhar as nossas expectativas com ele. Seu parceiro pode dizer com mais frequência que a ama, mas nunca o faz – então você tem uma expectativa e fica desapontada quando ela não é atendida. Entretanto, todo esse processo tem a ver apenas com a sua realidade; a outra pessoa não sabe nem da sua expectativa (se você não a comunicar claramente), nem da sua decepção, mas apenas se pergunta o que está acontecendo e por que você está com essa cara tão estranha.

Quando conheci meu marido Jake, foi a primeira vez que realmente enfrentei essa questão (que era meu ponto fraco). Quando me deparava com a frase "Estou decepcionado com você", todos os ANTs (pensamentos negativos automáticos) da minha cabeça entravam em ação: eu me sentia culpada, via todos os relacionamentos destruídos para sempre, falava mal de mim mesma e lutava com todo o meu ser. Isso pode parecer um exagero, mas foi assim que aconteceu de fato. Não é uma loucura?

Com o Jake aprendi a confrontar esses pensamentos. Em Harry Potter, há seres malignos que sugam a alma de suas vítimas. Para afastá-los, é necessário um feitiço de Patronus, um ser volátil que é invocado a partir de memórias positivas. Meu Patronus tem, como não poderia deixar de ser, a forma de um unicórnio cintilante. Muito mais importante, entretanto, é sua capacidade de examinar tudo. Se alguém coloca expectativas em mim e começa as frases com "você tem que" ou "você deve", meu unicórnio pergunta: "Quem disse isso?"

Se eu decepcionar as expectativas de mim mesma ou de outras pessoas, posso fazer uma verificação da realidade: essas expectativas eram ou são realistas? De onde elas vieram ou vêm? Posso e quero cumpri-las de fato?

E isso não quer dizer que devemos diminuir nossas expectativas. O autor norte-americano Brendon Burchard explica que padrões elevados e grandes sonhos são necessários para nos fazer avançar como humanidade. O que precisamos, diz ele, não é de expectativas mais baixas, mas de uma "mentalidade de aprendizado". Em outras palavras, afastar-se da expectativa de que tudo no caminho para esse grande objetivo tem de ser perfeito. Se aceitarmos desde o início que os erros fazem parte do aprimoramento e da comemoração dos sucessos, poderemos perseguir nossos grandes sonhos com muito mais realismo. Caos e experiências ruins fazem parte do processo se quisermos progredir. Sempre podemos continuar nos aperfeiçoando e melhorando. Mas nunca será absolutamente perfeito.[35]

Acho essa abordagem muito empolgante. É muito importante nos permitirmos perceber que as coisas não dão certo. Se planejarmos essa etapa, não ficaremos desapontados, mas poderemos aprender com ela mais rapidamente e obter motivação para fazer melhor.

O medo da decepção também pode nos inibir de viver de acordo com nossos próprios valores. Algumas pessoas se formam em direito porque seus pais querem que elas se formem, sem nunca quererem realmente se tornar advogadas. Algumas pessoas se casam ou têm filhos porque é mais fácil do que ir contra a maré e permanecer solteiro e sem filhos. E mesmo que não sejam essas coisas extremas e decisivas para a vida, todos nós conseguimos lembrar situações em que fizemos coisas para evitar decepções.

Admita: você também já elogiou a refeição de um amigo da qual não gostou muito porque ele teve muito trabalho, não é mesmo? Ou agradeceu e elogiou um presente que não tinha nada a ver com você.

Ninguém gosta disso, mas todos conhecem a sensação de ficar desapontado, mas não querer demonstrá-lo.

Minha deficiência visual também é uma fonte constante de decepções *interessantes*. As pessoas querem me ajudar e ficam desapontadas por eu não precisar da ajuda delas. Por exemplo, quando vou às compras e pergunto se alguém pode ler algo para mim, algumas pessoas tendem a querer empurrar meu carrinho e fazer todas as compras para mim. Às vezes, não é tão fácil dissuadi-las – afinal, elas estão fazendo isso com boa intenção. Mas, para mim, o comportamento delas restringe minha autodeterminação e, às vezes, parece invasivo. Quando expresso isso, muitas vezes sinto um ar de decepção, às vezes até com uma sensação de raiva: "Faça suas próprias coisas, eu só queria ajudar".

Uma vez uma mentora com quem trabalho me contou que sua avó costumava dizer: "Por favor, não me ajude, já é difícil o suficiente".

Quando recuso enfaticamente ajuda, as pessoas ficam ofendidas, pois eu acabo desapontando-as. Isto acontece porque suas suposições não correspondem à minha realidade.

Na verdade, você deve agradecer e esclarecer que você não precisa desse tipo de ajuda.

É por isso que sempre enfatizo a importância de conversarmos uns com os outros, de trocarmos ideias, de dialogarmos. Comparar nossas próprias expectativas com as expectativas dos outros. Se não nos comunicarmos, se não compartilharmos nossa realidade, a probabilidade de nos decepcionarmos mutuamente é muito alta. Podemos aprender a comunicar nossas expectativas e necessidades e confiar que as outras pessoas farão o mesmo (sem que todos se sintam imediatamente atacados pessoalmente). Fazendo isso nos tornaríamos capazes de administrar os nossos conflitos de forma bem mais eficaz. Nos relacionamentos, nas amizades, nas famílias, no trabalho.

Esse tipo de engano, que acontece entre duas ou mais pessoas, também acontece dentro de nós. Infelizmente, nós, seres humanos, somos verdadeiros mestres nisso. Dizemos constantemente a nós mesmos o que podemos ou não podemos fazer, o que queremos ou não queremos e o que temos de fazer para conseguir algo.

- Se eu assistir a esse seminário sobre gratidão, finalmente serei mais feliz.

- Se eu perder cinco quilos, terei mais amigos e serei mais popular.

- Se no meu escritório os funcionários tiverem a chance de jogar pebolim e tomar um belo café da manhã haverá menos demissões e melhores resultados.

Ou vamos considerar uma crença antiga à qual me apeguei por muito tempo:

- Você pode ter um relacionamento satisfatório ou sucesso financeiro, mas não os dois ao mesmo tempo.

Todas essas frases são suposições e ideias que só existem na cabeça das pessoas e não têm nenhuma base realista.

E se você participar do seminário sobre gratidão e não ficar mais feliz, se ainda se sentir solitário com cinco quilos a menos, se oferecer aos seus funcionários uma mesa de pebolim e café da manhã, mas o desempenho deles não melhorar, então você está decepcionado. Não porque todos os outros sejam tontos ou inadequados. É porque você fez as suposições erradas. Deixe-me lembrá-la mais uma vez do Patronus, meu unicórnio que sempre pergunta: "Quem disse?"

Eu acreditava piamente que não era possível viver um relacionamento satisfatório e ter sucesso financeiro ao mesmo tempo.

Ao desfazer essa suposição, ou seja, ao perceber que eles não são excludentes, que não precisa ser "dinheiro ou amor", eu fiquei extremamente feliz.

Mas a reversão de uma crença é rara. Ela não acontece do nada. Infelizmente nossas ações e pensamentos inconscientes nos levam repetidamente a reforçar crenças profundamente arraigadas.

É necessária muita autorreflexão para reconhecer essas suposições possivelmente falsas, deixá-las de lado e estar aberta ao fato de que as coisas podem ser diferentes. E isso só acontece se nos dermos permissão para abrir mão de nossos autoenganos e permitir que o inesperado aconteça.

Por isso fiquei desapontada comigo mesma quando tive um colapso pela segunda vez. Fiquei desapontada por ter chegado a esse ponto novamente e não ter conseguido lidar melhor com a situação. Eu realmente achava que sabia como a vida funcionava e me provaram que estava errada. Mas quanto mais eu pensava nisso, mais força conseguia extrair da dor. Porque minha decepção significou que, finalmente, pude confrontar as minhas suposições com a realidade e chegar à conclusão que não podia continuar me iludida. Porque decepcionar os outros é inevitável, mas quando a decepção é consigo mesmo é um forte indício que algo deve ser feito.

Em harmonia comigo mesma: o verdadeiro pertencimento

Este segundo colapso fez com que a minha mente roubasse toda a energia do meu corpo. Perdi não apenas três dias, mas quatro semanas. Em vez de tirar licença médica, tirei quantos dias de férias e dias de compensação de horas extras fossem necessários para ter toda a liberdade de que precisava durante esse período para poder me organizar. No início dessas quatro semanas eu nem mesmo sabia se voltaria a trabalhar. *Spoiler*: Eu voltei. Mas durante a pequena pausa fiz um acordo comigo mesma:

- Nunca mais trairei meus próprios valores.

- Nunca mais chegarei ao ponto de desmaiar novamente.

Na época eu não tinha um plano concreto, apenas sabia que não poderia continuar assim. Era a minha vida. Eu tinha que assumir a liderança novamente, colocar-me no "banco do motorista". Isso exigiu coragem.

Porque, na verdade, é mais fácil seguir as ideias dos outros do que definir a direção por conta própria. Se alguém estiver constantemente lhe dizendo qual caminho seguir, se você estiver sempre dirigindo pela vida com um navegador guiado pelas expectativas sociais, então você não precisa pensar muito. Você vai se apresentar e vai receber aplausos. Mas o mais importante é como você se sente quando os aplausos cessam. Você está feliz? Está vivendo a vida com alegria? Está se divertindo, vê um propósito no que faz? É o verdadeiro caminho ou seu único objetivo é agradar aos outros? Foi doloroso demais constatar que, mesmo tendo sofrido o primeiro *burnout*, eu continuava tentando alinhar a minha vida de acordo com as expectativas dos outros. Você pode pensar que esse comportamento tem sempre o objetivo de ter um senso de pertencimento. Ao tentar agradar os outros, queremos obter sua aprovação e nos conectar com eles. As relações sociais são fundamentais para nós, pois sem elas não podemos sobreviver. Eles são tão importantes quanto a água, a comida e o sono. Portanto, não é de se admirar que estejamos sempre tentando entrar em determinados grupos e nos encaixar.[36] Mas se tivermos que fazer constantemente concessões que contradigam nossos próprios valores, nunca teremos um verdadeiro senso de pertencimento. Quando nos curvamos perante os outros é possível que nos sintamos pertencentes por fora, mas por dentro sentimos que algo está errado. Talvez você conheça a sensação de estar em uma festa, rodeado de pessoas, e sentir uma profunda solidão.

Brené Brown explica esse paradoxo, pois – e essa constatação me surpreendeu no início – o verdadeiro pertencimento não tem nada a ver com outras pessoas.

> O verdadeiro pertencimento é a prática espiritual de acreditar em si mesmo e pertencer a si mesmo de forma tão profunda que você possa se mostrar ao mundo com toda sua autenticidade[...]. O pertencimento verdadeiro não exige que você mude quem você é, mas que você seja quem você é.[37]

Brown também enfatiza que isso pode significar fazer parte de algo, por um lado, mas também estar completamente sozinho, por outro. E ambos podem parecer corretos. Você pode sentir que pertence a algo enquanto rejeita os outros. Essa aparente contradição faz parte da vida.

Eu me sentia muito perdida na época do meu segundo colapso. Estava muito distante do pertencimento verdadeiro. Eu não estava conectada a mim mesma ou aos outros. Essa constatação foi dolorosa, mas a dor foi importante, porque ela me mostrou que, às vezes, é preciso doer para entender. E que eu não só preciso reconhecer meus críticos internos, mas também conversar com eles.

3

Olhos bem abertos: em busca da tal da felicidade

O bom, o ruim e o feio

Ao longo da minha vida fui aprendendo a aceitar cada vez mais todas as partes do meu ser. Mas até 2017/2018, ou seja, até meu segundo colapso, eu só me apegava às partes que estavam "maduras". A "fruta mais fácil de colher", por assim dizer. Aquelas que eu podia pegar sem esforço, que brilhavam de tal forma que se sobressaiam das outras. Obviamente eu enfrentava meus problemas, e era uma chance para me desenvolver ainda mais.

Falando assim dá a impressão de ser muito mais fácil do que foi. Esse processo não foi nada fácil, e foi muito doloroso, mas os pontos de partida não foram difíceis de encontrar. Eu arrumei e limpei tudo. Mas não explorei o que estava por trás disso tudo. Não fui "direto ao ponto".

Quando pedi demissão, em dezembro de 2017, e voltei a trabalhar em 2018 após uma pausa de quatro semanas, percebi que tinha chegado o momento de me aprofundar. Eu tinha que começar a olhar para *tudo*. Principalmente para as partes vergonhosas, desagradáveis e reprimidas.

O psiquiatra suíço Carl Gustav Jung chama esse processo de "trabalho de sombra". Nas sombras estão as coisas que não gostamos de associar a nós mesmos, coisas que não são compatíveis com nosso *ego*.[38]

Até agora eu havia observado aquilo que ia surgindo lentamente. Mas agora decidi que precisava ir mais longe, já que não queria arriscar um outro colapso.

Você conhece o faroeste italiano "Três homens em conflito"? O filme original se chama *"The Good, the Bad and the Ugly"* (O bom, o ruim e o feio, em tradução livre). E esse título me marcou muito (deixando de lado a história em si), pois acredito que todos nós temos o um lado bom, um lado ruim e um lado feio dentro de nós.

Os pontos fortes (bons) e fracos (ruins) são relativamente óbvios. Sempre tentamos melhorar aquilo que nos provoca problemas: decidimos ser mais organizados, não procrastinar, não nos atrasarmos.

Por outro lado, costumamos ignorar as partes "feias". Mas somente quando as reconhecemos e aprendemos a lidar com elas é que podemos experimentar o verdadeiro pertencimento e estar realmente em harmonia com nós mesmos. Porque é aí que se escondem seus motivadores mais profundos e internos, os motivos pelos quais você continua a ter dúvidas e faz concessões que não lhe convêm. É aqui que residem seus críticos internos, que podem se tornar tão barulhentos a ponto de despedaçar seus talentos e pontos fortes.

Todos esses elementos fazem parte de nós, são o resultado de nossa genética e de tudo que vivenciamos.

A pesquisa sobre epigenética também é particularmente interessante nesse contexto. Experiências ruins, traumas e transtornos de estresse pós-traumático deixam traços no corpo que podem ser herdados.[39] Portanto, não são apenas nossas próprias experiências que nos moldam, mas também as de nossos antepassados. E, como sabemos, muitos de nossos avós viveram em guerras, fugiram, viram pessoas morrerem, perderam seus filhos ou passaram por outras experiências profundamente traumáticas. Não é de se admirar que tenhamos dificuldades.

Para mim, no entanto, as descobertas da epigenética não são uma desculpa no sentido de "não tenho culpa de ser assim, meu avô vivenciou a guerra". Mas são outra abordagem explicativa que nos ajuda a nos entender melhor, a pensar fora da caixa quando exploramos nossas próprias sombras e a sermos capazes de abandonar esse legado emocional de forma mais consciente. Elas não são uma desculpa, mas uma explicação complementar.

E depois, é claro, existem as marcas de nossas próprias vidas. Talvez você tenha passado por coisas quando criança que a forçaram a se conformar. Pode ser que sua mãe tenha sido mãe solteira e você tenha aprendido a se blindar para não sofrer, para que sua vida cotidiana corresse bem. Pode ser que seus pais tenham dado pouca atenção a você e você tenha sentido que só era amada quando dava o melhor de si. Pode ser também que você tenha ouvido tantas vezes na escola que não era boa o suficiente que acabou acreditando nisso e aplicando isto em todas as áreas de sua vida.

Por exemplo, durante muito tempo, achei que minha sede de conhecimento e minha curiosidade eram meus defeitos. Na escola me diziam repetidamente que eu não deveria ficar me exibindo. O raciocínio rápido era considerado arrogância. Durante muito tempo achei que tinha de refrear minha curiosidade para obter reconhecimento. Que absurdo.

Todas nós também somos confrontadas com discriminação e preconceito, todos os dias, em todos os lugares. Na mídia, na publicidade, na rua, nas conversas. Não podemos evitá-la. E isso se torna particularmente complicado quando voltamos essa discriminação contra nós mesmas. Assim como eu, você se lembra: "Como pessoa cega, tenho sorte de conseguir um emprego".

Talvez você também esteja pensando: "Eu deveria ter vergonha da minha barriga grande" ou "Tem outros na minha posição que ganham mais do que eu, mas pelo menos estou empregado".

Essas afirmações não são verdadeiras, mas sim discriminações dolorosas que você inflige a si mesma. Sei que apenas uma reformulação pessoal não é suficiente para se livrar delas, pois, de muitas maneiras, essa autossabotagem é estrutural e são necessários processos políticos para provocar mudanças coletivas.

Mas é a política *e* a psique. Você não pode decidir que não será mais discriminada do lado de fora, mas pode aprender a questionar essa discriminação. Talvez você se torne melhor em não aceitar tudo, permanecer fiel a si mesma e sempre priorizar seu amor-próprio.

Se você lidar com suas próprias experiências e refletir sobre elas repetidamente, poderá construir uma autoimagem mais estável e positiva e sentirá a energia que precisa para se unir a outras pessoas e, possivelmente, iniciar uma mudança política e social.[40] Tanto a inclusão quanto a antidiscriminação funcionam de dentro para fora. Você começa com você mesma. Depois, na segunda etapa, você pode agir e ajudar outras pessoas levantando a voz contra a injustiça.

Já fiz muita terapia e recebi mentorias em minha vida, mas só comecei a passar por esse processo consciente de olhar para as coisas em 2018. E confesso que tem sido intenso. No início, nas minhas sessões de mentoria e terapia, eu pensava que conseguiria ter tudo planejado, mas com o passar do tempo me dei conta que estava apenas arranhando a superfície. A cada sessão eu me aproximava um pouco mais de mim mesma, me entendia um pouco mais. E a cada sessão eu me tornava mais capaz, não apenas de ver minhas imperfeições, mas de gostar delas. Desenvolvi uma nova meta: eu queria viver com o coração.[41] E essa vida sincera incluía lidar com sentimentos desagradáveis. Esse processo não está completo e provavelmente nunca estará, mas estou no caminho certo. E me sinto bem por ter tomado essa decisão e por continuar a investir nela.

Esconder ou desabafar? Como lidar com sentimentos desagradáveis

Todos nós gostamos de disfarçar a raiva, a tristeza, os medos e outras emoções desagradáveis.

"Estou bem", dizemos, limpando furtivamente uma lágrima do canto do olho. Na verdade, sentimos vontade de soluçar bem alto. Ou gritar. Ou quebrar alguma coisa. Talvez você conheça essa sensação ao se deparar com a morte, a doença e o luto, ou talvez em momentos em que a vida estava indo exatamente como você sempre quis e você percebeu que, mesmo assim, se sentia infeliz.

É importante saber uma coisa: cada sentimento, na verdade cada um deles, tem uma função. Você não precisa ficar se debatendo com cada um deles, mas deve apreciá-los, porque eles não fazem mal a você. Eles querem proteger você.

Em seu livro *Besser Fühlen*, Leon Windscheid descreve o medo, a tristeza, a raiva, a impaciência e outras emoções – e todas elas são essenciais para nossas vidas.[42] A raiva, por exemplo, muitas vezes é o primeiro passo para uma solução (e uma indicação de que algo está errado), diz o psicólogo, enquanto a tristeza nos ajuda a refletir e avaliar melhor a nós mesmos. Além disso, o luto e o amor estão sempre intimamente ligados. "O que sentimos nunca está errado".[43]

O neurocientista e psiquiatra Dr. Daniel G. Amen, dos EUA, também está ciente da importância de se envolver com a dor. Isso inclui estar presente e ter consciência de onde estamos no momento. É assim que nos sentimos seguros e podemos minimizar o impacto das experiências dolorosas em nossa saúde.[44]

Além disso, emoções que parecem contraditórias à primeira vista, como tristeza e alegria, também podem se entrelaçar – isso é maravilhosamente tematizado no filme "Divertida Mente", que mencionei anteriormente. Ele narra a história da garota Riley, principalmente as suas emoções, que reagem constantemente às circunstâncias como personagens engraçados. A equipe interna nunca foi retratada de forma tão encantadora.

Por exemplo, quando Riley confessa sua saudade de casa aos pais, ela recebe conforto, compreensão e segurança humana – são criadas memórias caracterizadas por tristeza e alegria ao mesmo tempo. Portanto, se conseguirmos expressar nossos sentimentos, algo muito bonito pode resultar disso.

Também é importante perceber que nosso humor desempenha um papel essencial em nossa percepção. "Seu humor influencia o que você vê e ouve", explica a neurocientista Lisa Feldman Barrett. Ela relata que a pesquisa mostra que as pessoas que estão de bom humor classificam rostos neutros como confiáveis, simpáticos e atraentes, enquanto as pessoas de mau humor classificam exatamente as mesmas imagens de forma muito mais negativa.[45]

Em uma palestra TEDx, ela dá outro exemplo: é sobre um soldado em guerra.[46] Ele ouve algo farfalhando nos arbustos e é então que os vê: uma fila de guerrilheiros com metralhadoras. Ele tira a trava de segurança de sua arma e a aponta para o líder, que está portando uma AK 47. Ele se concentra em seu alvo, com o dedo no gatilho. Então, ele sente uma mão em seu ombro, um camarada sussurra: "Não atire. É só um garoto".

Ele abaixa a arma e dá uma olhada mais de perto. Sim, era de fato um menino, com apenas 10 ou 11 anos de idade. Ele estava segurando uma vara longa na mão e atrás dele havia vacas, não lutadores.

O soldado estava tão tenso que sua percepção lhe pregou essa peça, a qual quase custou a vida de um garoto. Esse exemplo mostra de forma extrema como é imensa a influência de nossa psique em nossa percepção.

Todos nós sabemos disso em pequena escala na vida cotidiana: se estivermos de bom humor, talvez nem nos importemos com um comentário inconveniente e até daremos algumas risadas. Se estivermos tendo um dia ruim, você vai ao delírio e perde completamente o controle por causa desse *desrespeito inacreditável*. É a mesma linha. Apenas seu sentimento e o processamento resultante são diferentes. Por isso, Lisa Feldman Barrett enfatiza várias vezes: "Você acredita no que sente". Nossa realidade é sempre construída.

Para entender melhor isso e a nós mesmos, precisamos estar presentes. Se quisermos categorizar nossos sentimentos – por exemplo, será que aquele comentário inconveniente foi realmente tão desrespeitoso ou será que eu só preciso de um tempo e dormir mais? – precisamos reconhecer o que está acontecendo. O que nosso corpo precisa, como estamos nos sentindo, quais necessidades estão insatisfeitas, se estamos vivendo de acordo com nossos valores e, de fato, como estamos nos sentindo.

Infelizmente, porém, a nossa tendência é não estar intimamente ligados no presente e, assim, não damos a devida atenção às nossas emoções, muito pelo contrário, usamos uma ampla variedade de estratégias para escondê-las: mecanismos de controle e perfeccionismo excessivo, principalmente para agradar às pessoas, como entorpecer-nos com drogas e álcool ou evitar lugares e atividades que possam nos causar sentimentos desagradáveis.[47]

Deixe-me colocar desta forma: já estive lá, já aconteceu comigo. Portanto, eu entendo muito bem se estiver se identificando com a situação e reconhecer que você também faz isso. Mas não é ruim. Porque nossa psique precisa se proteger e isso é bom e saudável. Se fôssemos dar a cada sentimento uma quantidade infinita de espaço, então teríamos uma vida bastante exaustiva como sociedade. A verdade é que você nem sempre quer saber em detalhes o que está acontecendo com as pessoas ao seu redor. Além disso, ficaríamos loucos se soubéssemos tudo o que acontece dentro de nós. Imagine se você pudesse ouvir constantemente sua respiração, o gorgolejar dos sucos estomacais, o correr do seu sangue. Imagine se, toda vez que você se sentisse um pouco indisposto, concentrasse toda a sua atenção nessa sensação. Isso não seria viável. Uma certa quantidade de repressão faz sentido. Mas, em algum momento, esses mecanismos de repressão saudáveis se tornam prejudiciais à saúde.

"Tudo o que for oprimido um dia aparecerá à sua porta e lhe dará um tapa na cara para cumprimentá-lo", escreveu Atze Schröder com muita propriedade.[48]

No meu caso não me atingiu em cheio, mas puxou o tapete debaixo dos meus pés. No meu segundo esgotamento, ficou claro que meu comportamento em relação a mim mesma havia se tornado tóxico e que eu precisava encontrar uma nova maneira de lidar com isso. Eu não queria mais fugir, eu queria enfrentar. Era agora ou nunca. Foi uma grande dádiva ter saído ilesa de dois colapsos mentais. A vida estava me dando outra chance, eu não podia colocar tudo a perder. Não desta vez.

Mudei minha atitude interna em relação a mim mesma e ao meu trabalho após o colapso. Permaneci na empresa, mas abri mão de parte do meu salário para ter mais liberdade em minha vida profissional. Juntos criamos um novo cargo que correspondia aos meus ideais, mesmo que fosse um passo atrás em termos financeiros. Tornei-me gerente de relações e investimentos de *startups* e espaços colaborativos (*coworking*), com a vantagem que não precisava mais me preocupar com aquela gerente que tinha me causado tantos problemas.

No final de 2018 iniciei um programa de treinamento em mentoria, que concluí paralelamente ao meu trabalho. A ideia era óbvia, porque eu já estava trabalhando com desenvolvimento de empresas há quinze anos, procurando onde e como elas poderiam ganhar mais dinheiro, e minha experiência me mostrou que essa era a coisa certa a fazer: no final, sempre acabamos com o fator humano. A otimização só pode ser bem-sucedida se não perdermos de vista as pessoas. Eu mesma era o melhor exemplo. Se negligenciarmos as nossas necessidades, tudo entra em colapso – tanto a psique do indivíduo quanto a empresa como um todo. Foi por isso que decidi me tornar uma mentora e meu trabalho ainda hoje representa a liderança e a organização orientadas para as pessoas. Eu coloco as pessoas no centro do sucesso empresarial, sempre conectando-as entre si. Porque somente quando as pessoas estão em sua melhor forma é que as empresas, comunidades e sistemas podem funcionar com sucesso em longo prazo.

Na minha nova posição eu me sentia mais livre, pois eu tinha autonomia suficiente para não depender tanto da aprovação das outras pessoas. De certa maneira, foi o início de um processo de distanciamento do ambiente corporativo, que tinha me levado ao colapso. Finalmente, pude voltar a trabalhar em meu pequeno núcleo e dar vazão ao meu unicórnio. Percebi a importância da liberdade na minha vida. A minha independência era algo que prezava muito. Portanto, nada mais natural do que o meu treinamento em mentoria ser o meu primeiro passo para o trabalho autônomo. Embora eu trabalhasse para a empresa por mais um ano, meu "trabalho de eremita" e o treinamento fizeram com que muitos membros da equipe já suspeitassem que eu não ficaria lá até me aposentar.

Em 2019, as coisas ficaram cada vez mais empolgantes – tive minhas primeiras aparições em palcos importantes, fui convidada para uma entrevista em um *podcast* com o Handelsblatt[49] e senti aquela sensação muito especial de formigamento que surge quando novos caminhos se abrem. Com orgulho e entusiasmo contei aos meus colegas sobre minhas experiências e não escondi nada – por que eu deveria?

Então chegou a segunda-feira, 26 de agosto de 2019: eram 16h15 e eu estava prestes a terminar o meu trabalho. Ao passar por mim, meu chefe de departamento me chamou para conversar.

"Lina, você já está indo embora?", perguntou ele.

"Sim, trabalhei oito horas."

"Sim, sim. Notei que você tem terminado o trabalho com muita pontualidade ultimamente, embora sua colega esteja se afogando em trabalho. A Lina que eu conhecia não teria ido embora, mas teria feito hora extra com ela."

Fiquei perplexa. O que eu deveria dizer em resposta? Eu tinha acabado de ser seriamente criticada por "apenas" fazer meu trabalho em tempo integral? Mesmo depois do meu esgotamento, esperava-se que eu continuasse me esforçando ao máximo? Que tipo de objetivo era esse de perseguir os funcionários até que eles entrassem em colapso e desistissem?

Quando eu estava prestes a abrir a boca para responder, meu chefe de departamento continuou.

"Lina, quero ser totalmente franco com você. Você sempre teve um papel especial aqui, todos nós sabemos disso, mas estou começando a ter a sensação de que toda essa publicidade com *podcasts* e coisas do gênero estão subindo à sua cabeça. Gostaria de pedir que se concentre novamente em seu trabalho."

Depois dessa "conversa", que foi mais um monólogo impertinente, sentei-me perplexa no trem e tive uma forte crise de enxaqueca. Cheguei em minha casa e fui direto para a cama. Na manhã seguinte, a dor de cabeça havia se tornado mais suportável, mas eu estava com raiva. Muito irritada. Tudo dentro de mim gritava: "Pare com isso! Eu não quero mais isso!"

Em 24 horas, entrei em diálogo com minha equipe interna. Eu já lhes havia contado sobre essa "reunião" – todos nós concordamos rapidamente. Era hora de me demitir e mergulhar no trabalho autônomo. Eu estava pronta.

Durante essas 24 horas, percebi que as palavras do meu gerente de departamento não tinham sido tão ruins assim. Elas foram a gota d'água que fez transbordar o copo. Eu queria ir embora de qualquer maneira, só não tinha coragem. Quando percebi isso minha raiva se dissipou rapidamente. Senti uma emoção intensa, reconheci seu poder e energia.

A minha raiva tinha se transformado em coragem.

Acredito que esse seja exatamente o segredo para lidar com sentimentos desagradáveis. Eles podem ser poderosos, pois apontam coisas que talvez não quiséssemos ou não pudéssemos ver antes. Se aceitarmos nossos sentimentos e os examinarmos de todos os lados, poderemos descobrir *insights* interessantes por trás deles. Vemos as coisas com mais clareza e podemos admitir para nós mesmas que talvez já estivéssemos indo na direção errada há muito tempo.

Mesmo que essa constatação possa não fazer sentido por um momento, acredite: não é de todo ruim cometer erros, porque somente experimentando as coisas é que percebemos o que parece certo ou errado.

Não pense: "Sou uma idiota. Por que não pensei nisso muito antes?", mas sim: "Que bom que dei mais um passo à frente!"

Há crianças que não se desesperam quando se deparam com perguntas particularmente complicadas, mas, em vez disso, esfregam as mãos e dizem: "Eu adoro tarefas difíceis!"

Acho que é exatamente assim que devemos ver a vida. Devemos enfrentar todos os desafios como uma montanha-russa e, como todos sabemos, isso pode ser muito divertido. Deveríamos ficar felizes inclusive quando não acertamos, porque crescemos com cada decisão, com cada erro, com cada sucesso e fracasso, com cada momento de raiva, com cada alegria. Está tudo certo. Do jeito que é. Do jeito que você é.

A propósito, uma coisa é lidar com os sentimentos desagradáveis, a outra é comunicá-los. Continuo vendo as pessoas não dizerem nada por muito tempo, fingindo que está tudo bem, e, de repente, revelarem todos os seus problemas psicológicos e fases depressivas. Essa exposição da alma leva à decepção quando há uma falta de abertura por parte das pessoas ao redor, todos ficam envergonhados e ninguém sabe realmente como lidar com isso.

Mas como isso pode ser feito melhor? Aqui, também, a inclusão funciona de dentro para fora. O primeiro passo é olhar para si mesmo. Observe suas sombras, trabalhe para compreender e refletir melhor sobre si mesma. Reconheça suas arestas e aceite-as. Seja honesta consigo mesma. Depois disso você também conhecerá melhor suas necessidades e poderá selecionar o que deve compartilhar com o mundo exterior.

Então, para resumir:

1. Verifique a situação: como você está realmente se saindo? Você pode ser impiedosamente honesta consigo mesma. Você pode obter ajuda de terapeutas ou mentores.

2. Determine suas necessidades: o que você precisa nesta situação atual para poder viver bem? Mais paz e tranquilidade, mais interação, férias, desafios, mudanças? Desenhe sua imagem ideal de um dia perfeito e pense em como você pode chegar o mais próximo possível disso.

3. Comunique suas necessidades: para fazer isso, você não precisa revelar tudo aquilo que está dentro de você, como detalhes da sua infância ou fatos que não queira compartilhar. Tudo isso pode ficar só com você. Mas o que você realmente deve dividir são os detalhes que farão com que você se sinta melhor.

O consultor de gestão e autor Simon Sinek escreveu muito bem no twitter: "Transparência não significa compartilhar todos os detalhes. Transparência significa fornecer o contexto para as decisões que tomamos."[50]

Preserve-se. Você não precisa se expor emocionalmente. Guarde os detalhes para si mesmo.

Socorro, preciso de ajuda!

Depois do meu segundo esgotamento fiquei infinitamente grata por não ter que percorrer esse caminho de sombra sozinha. Eu não o teria encontrado sem ajuda. Somente com terapia consegui, pelo menos, ter uma ideia de porque sou como sou, de onde venho, para onde quero ir, e como posso conseguir o que preciso. Foram necessárias muitas conversas, lágrimas, sessões e horas para processar o passado, entender o presente e moldar o futuro. E eu sei que sempre haverá momentos em minha vida em que não serei capaz de ir em frente sozinha. De tempos em tempos há bloqueios em minha cabeça que me prendem, esses padrões de pensamento que reconheço, mas não consigo resolver. Nesses momentos, preciso de alguém para conversar sobre isso.

Devido à minha deficiência visual, o tópico "aceitar ajuda" está associado a muitas emoções para mim. Já contei a vocês que, por muito tempo, lutei com unhas e dentes para não ser vista como alguém que precisava de ajuda. Que preferi perder voos internacionais em vez de aproveitar a assistência oferecida pelo aeroporto para pessoas com deficiência visual. Tive que aprender a aceitar a ajuda. E acredito que não estou sozinha nisso.

Para muitas pessoas a afirmação "Não consigo fazer isso sozinha" está no mesmo nível de "Sou um fracasso" e "Não consigo fazer nada".

Isso não faz sentido por vários motivos.

Em primeiro lugar, ninguém é uma ilha. Fazemos parte de uma sociedade, somos seres sociais e dependemos de cooperação. Sem outras pessoas não haveria cadeira ou sofá para nos sentarmos. Não haveria supermercado, nem carros. Não haveria nada. Nada mesmo. Sem a disposição de cooperar e a ideia de tornar a vida melhor para os outros a humanidade teria se extinguido totalmente. Estamos todos conectados.

Em segundo lugar, parece absurdo a princípio, mas, ao precisar de ajuda, você pode fazer com que os outros se sintam bem. As pessoas gostam de ajudar. Nós nos sentimos bem quando podemos fazer algo de bom para os outros. (Um truque muito bom da natureza para garantir nossa sobrevivência).

Tive essa experiência com frequência em relação à minha deficiência visual. As pessoas ficam felizes em me ajudar se eu pedir ativamente. Ser necessário é gratificante. Isso vai tão longe que muitas pessoas passam dos limites e eu tenho de recusar ajuda – já falei sobre isso no tópico "decepção".

Portanto, se achar difícil pedir ajuda, leve em conta estes dois pontos: nossa humanidade se baseia na cooperação e as outras pessoas se sentem bem (pelo menos na maioria das vezes) quando podem ajudar você.

Existe ainda um terceiro ponto, você aprende a reconhecer seus pontos fracos. Assim como eu aprendi que não posso fazer tudo que os outros fazem devido à minha deficiência visual, você também reconhecerá alguns pontos em você que exigirão que você peça ajuda. Quer se trate de pequenas coisas cotidianas ou de grandes problemas onde você percebe que não está chegando a lugar algum. Mesmo que eu pudesse enxergar, ainda precisaria de ajuda em muitas coisas. Por exemplo, sou impaciente demais para verificar todos os detalhes de planos ou contratos extensos.

E eu não teria sobrevivido aos meus dois rompimentos, que tanto me machucaram, sozinha. Foi extremamente importante ter pessoas ao meu redor que me amassem e fossem solidárias comigo.

É importante reconhecer exatamente onde você precisa de apoio e onde não precisa. E pedir ativamente por essa ajuda. Ao fazer isso, você não está abrindo mão da responsabilidade, pelo contrário, está assumindo a responsabilidade de cuidar de si mesmo para não ficar sobrecarregada.

Não fiz isso com muita frequência durante a minha vida, e ainda hoje tenho dificuldade com essa questão, pois ela é muito complexa. Na Alemanha, por exemplo, as pessoas geralmente mantêm uma certa distância quando você pede ajuda.

Um exemplo aconteceu a bordo da Deutsche Bahn (empresa ferroviária alemã). Eu perguntei: "Com licença, vocês têm salada no cardápio?"

A resposta: "É o que está escrito. Basta lê-lo corretamente!". Somente quando lhe informei sobre a minha deficiência visual é que a atendente se tornou mais branda e compreensiva. Normalmente, nessas situações, as pessoas não só respondem à minha pergunta, mas também se certificam de que nada aconteça comigo durante toda a viagem de trem.

Por que existe essa arrogância inicial? Por que não podemos presumir que as pessoas que perguntam têm um motivo para fazê-lo? E por que não podemos simplesmente responder à pergunta e ponto final? Já vivenciei esses dois extremos com muita frequência e em muitos contextos: ignorância e arrogância de um lado, compensação excessiva do outro. Devemos tentar alcançar um equilíbrio. E só podemos fazer isso: a) conhecendo-nos melhor, b) comunicando nossas necessidades e c) dialogando. Todo o restante são apenas suposições que fazemos sem realmente conversarmos uns com os outros. A inclusão não funcionará dessa forma. Precisamos dialogar.

Perseguidores de Propósito (*Purpose Chasers*) e a Ressaca de Oxitocina (*Oxytocin Hangover*)

Vou falar a respeito de algo que pode me fazer correr o risco de criticar o meu próprio trabalho. Há um desafio envolvendo a mentoria: os perseguidores de propósito. Eu mesmo criei esse termo. Eu me refiro às pessoas que gastam enormes quantias de dinheiro para alcançar seus objetivos e encontrar um significado, ou seja, um propósito. No entanto, nunca chegam a lugar algum.

Isto acontece porque, mais uma vez, elas se esquecem de olhar "para dentro" de si mesmas. Precisamos de um "porquê", um propósito, para tudo o que fazemos na vida. Não há problema em gastar dinheiro com mentoria e terapia. Mas há pessoas que me procuram e me apresentam uma lista completa de seminários, eventos, *workshops* e retiros que já participaram. Elas falam de suas decisões diárias, suas novas rotinas, os inúmeros livros que leram – e então terminam com a frase: "Mas, estranhamente, eu ainda não sei o que realmente quero".

Elas acreditam que participar de um evento é a solução, que uma mentoria as ajudará a desatar o nó. Elas olham para o exterior em vez de olhar para o interior. Elas não entendem que terapeutas e mentores não evocam a felicidade, que ela não pode ser comprada, mas que existem apenas impulsos externos para assumir a responsabilidade por sua própria felicidade. Você mesmo deve fazer o trabalho interno.

Os perseguidores de propósito constroem uma imagem externa que não corresponde a eles. Eles vão para Bali, fazem ioga, mas se esquecem de se perguntar o motivo pelo qual estão realmente fazendo isso.

Os períodos sabáticos também são frequentemente "utilizados" dessa forma. As pessoas fogem de suas vidas cotidianas por um tempo, sem qualquer preparação ou trabalho de acompanhamento. Elas "ganharam" esse tempo de folga depois de um período de trabalho extremamente árduo, que geralmente dura até o dia da partida. E depois de retornar do outro mundo para o qual escaparam por alguns meses, a vida cotidiana parece ainda mais triste. Tudo o que acontece, acontece do lado de fora. No entanto, uma viagem para dentro seria, na verdade, muito mais importante. Uma viagem em que você prioriza o seu ser, não um país exótico onde tudo é diferente.

Fico triste pelo fato de tantas pessoas acreditarem que uma qualidade de vida melhor é fruto de sua imaginação. Não me entenda mal, não existe felicidade completa, eu sei disso. Pagamos um preço por tudo: emocional, psicológico, físico e financeiro.

No entanto, acredito que no final do dia podemos fazer um balanço e perceber que vivemos mais momentos felizes do que preocupantes. Não precisamos ser infelizes quarenta e oito semanas por ano para podermos viajar e ser felizes quatro semanas por ano. Falta equilíbrio. E esse desequilíbrio surge com muita frequência porque olhamos para fora de nós mesmas. Fazemos tratamentos estéticos, nos dedicamos de corpo e alma a uma atividade de forma, muitas vezes, obsessiva, tiramos licenças sabáticas na esperança de que tudo mude. Mas isso não acontece.

Não me entenda mal: eu não demonizo tudo o que você pode fazer para ser mais feliz. Adoro meditação, por exemplo, e estou convencida de que essa prática mudou minha vida. E corro sempre que posso, pois isso me dá uma sensação inigualável de paz e liberdade.

Mas talvez não funcione para você. Porque sua história é diferente, porque sua vida é diferente, porque você tem um corpo diferente, porque você é, em suma, uma pessoa diferente. Não existe uma solução única para todos. Não existe uma fórmula secreta. Qualquer pessoa que afirme o contrário só está pensando em lucrar com isso. Você pode e deve experimentar coisas, sim, mas se estiver sempre olhando para fora, nunca chegará lá. Se achar que está fazendo algo errado, porque certas ideias e métodos não funcionam para você e não desencadeiam nada, você ficará estressada. É apenas o método errado para você, embora possa ter funcionado para outra pessoa.A pressão que você coloca sobre si mesma é como se um predador estivesse ao seu lado o tempo todo. Pelo menos é isso que seu cérebro pensa. Você libera cortisol, o hormônio do estresse, e seu corpo fica em alerta, sua pressão arterial sobe, sua respiração acelera. Diversos hormônios, neurotransmissores e proteínas garantem que tudo esteja em turbulência e que você esteja pronto para lutar ou fugir.[51] Mesmo que não haja nenhum predador ali, você está apenas dizendo a si mesma que vai se sentir derrotada se não fizer aquilo que, na sua cabeça, é a solução certa para seus problemas. Mesmo que nem sempre se dê conta disso. Há frases girando em sua cabeça como: "Oh, Deus, se eu não encontrar meu propósito, não valerei nada. Não vou me sentir realizada se não for a esse seminário".

Há tantas mentiras e mitos nessa área que levam as pessoas a experimentarem e investirem muito e se esquecem de se perguntar como estão se saindo. Não como *deveriam estar,* mas como realmente estão. Portanto, recomendo, acima de tudo, que você ouça seu coração. Medite quando achar que isso é bom para você. Saia para correr se isso a ajudar a se desligar. Trabalhe por três meses e depois tire um mês de folga quando perceber que esse ritmo funciona para você. Trabalhe de forma autônoma se isso for adequado à sua personalidade e não o faça se precisar de estruturas claras para ficar satisfeito. Às vezes você tem a impressão de que somente os iogues podem ser felizes em Bali, sem um emprego das nove às cinco, sem obrigações. Mas isso não é verdade. Você também pode ser muito feliz em um emprego normal, com estruturas fixas e com condições de vida supostamente "burguesas". Não acredite em todas as tendências e ideais. Trilhe seu próprio caminho.

Agora estou filosofando novamente – embora até alguns anos atrás eu estivesse constantemente fugindo. Até meu primeiro colapso, eu estava fugindo de mim mesma. Tentei ignorar minha sombra e provar a todos o quanto era boa. Então, depois do primeiro esgotamento, achei que tinha ficado mais esperta, mas no final continuei do mesmo jeito. Mais eficiente do que antes, mas não menos agitada. Até o segundo colapso. E depois? Então eu não estava mais fugindo de mim mesma, mas estava correndo em direção a algo. Eu queria ver tudo, aceitar tudo, descobrir tudo. Eu também era uma espécie de perseguidora de propósito. O problema é que eu ainda estava correndo. Eu nunca parava. Não é de se admirar que tudo estivesse doendo.

Na verdade, levei até 2022 para realmente perceber que, no fundo, não há problema em ficar parada. Que não preciso me conformar com nenhuma imagem ideal, nem mesmo com a imagem ideal da autodescoberta, mas que posso ser completa do jeito que sou. Ponto final. E essa "eu" não é uma constante fixa, mas um processo dinâmico.

Nós nunca chegamos na linha de chegada – e isso é bom

Muitas vezes tenho a impressão de que os perseguidores de propósito têm uma espécie de lista de tarefas com vários *workshops* e seminários que eles vão marcando à medida que o tempo passa, acreditando que estão cada vez mais perto da felicidade.

"SE eu fizer isso, ENTÃO aquilo vai acontecer" está entre as maiores falácias no cenário da 'auto otimização'. Declarações como "Quando eu perder cinco quilos...", "Quando eu me encontrar..." ou "Se você fizer essas três coisas todas as manhãs..." não fazem sentido na grande maioria dos casos.

Nós nunca alcançamos a linha de chegada. Você sempre atingirá seus limites, cairá, terá de se levantar, aprenderá coisas novas e adotará novas perspectivas. Você olhará para trás e pensará: O que foi aquilo tudo? Por que fiz isso? O que eu estava pensando? E então, com sorte, olhará para frente sabendo que sempre poderá fazer melhor. A cada manhã você tem uma nova chance. É uma ótima sensação quando aprendemos a redescobrir a alegria de nosso desenvolvimento.

Essa alegria também pode ser descrita como uma "mentalidade de crescimento". Aprendi sobre o conceito de "mentalidade fixa e de crescimento" com Carol Dweck e considero este aprendizado um dos fundamentos mais importantes para toda a minha vida.[52]

Dweck explica que as pessoas com uma "mentalidade fixa" acreditam que suas habilidades são inabaláveis e tendem a querer sempre provar seu valor. Isso destrói rapidamente a alegria da vida e do aprendizado. As crianças em idade escolar, por exemplo, precisam provar que são inteligentes e tirar boas notas, em vez de sentir a alegria de estar aprendendo coisas novas.

A "mentalidade de crescimento", por outro lado, baseia-se no pressuposto fundamental de que podemos desenvolver ainda mais nossas características, de que o comprometimento e a experiência são decisivos para o rumo que tomamos. Uma "mentalidade de crescimento" pressupõe que o potencial de uma pessoa não é imediatamente reconhecível, mas pode se desenvolver em várias direções.

"Por que devemos provar constantemente a nós mesmos que somos ótimos quando podemos ser ainda melhores? Por que devemos esconder nossas fraquezas quando podemos superá-las?"[53]

Não estamos acabados e não temos que mostrar a todos como fazemos malabarismos brilhantes com as bolas de nossa vida. Pelo contrário. Não importa o que você faça, talvez você o veja de forma completamente diferente daqui a cinco anos.

Este livro reflete meu nível atual de conhecimento e como me sinto agora, mas tenho certeza de que daqui a cinco ou dez anos eu terei de fazer alguns ajustes. Mas isso não será um arrependimento, será a constatação de que este livro é exatamente o que posso oferecer no momento em que o estou escrevendo.

Não somos estátuas que ficam em um lugar para sempre. Nós mudamos: visualmente, emocionalmente, profissionalmente. As derrotas e as curvas de aprendizado fazem parte disso tanto quanto os sucessos e os intervalos. Nossas perspectivas e atitudes mudam com as circunstâncias da vida.

Sua visão dos relacionamentos interpessoais também muda depois que você internaliza a "mentalidade de crescimento". Recentemente percebi que podemos encontrar as pessoas ao nosso redor de forma nova todos os dias. Meu marido Jake e eu moramos juntos e nos vemos a maior parte do dia. Portanto, é de se supor que nos conhecemos muito bem e não nos surpreendemos com muita frequência. Acontece que eu preciso dormir mais do que ele – porque sou a Cinderela – o Jake fica acordado por uma ou duas horas a mais à noite, durante as quais ele assiste a filmes, assiste a tutoriais no YouTube ou lê um livro. Ele aprende algo novo durante esse tempo. Geralmente eu me levanto um pouco mais cedo do que ele e ouço um *podcast* pela manhã. Portanto, no intervalo entre o beijo de boa noite e o beijo de bom dia, nós dois aprendemos coisas novas e talvez tenhamos adquirido uma nova perspectiva. Isso não é ótimo? E essa é uma pessoa que eu vejo o tempo todo! Quando reencontramos um amigo depois de várias semanas, muita coisa aconteceu nesse período, não somos os mesmos, portanto, podemos continuar a aprender um com o outro, em um processo contínuo, encontro trás encontro.

Após dez anos de casamento, você não terá o mesmo relacionamento que tinha dez dias depois de se conhecerem. As amizades mudam. Pessoas que você mal reconhecia há cinco anos podem ter amadurecido e se tornado personalidades inspiradoras. Se você ficar aberta a essa possibilidade de desenvolvimento, poderá conhecer pessoas de novo e, aos poucos, se livrar de seu pensamento rígido atrelado a suposições baseadas no histórico do relacionamento de vocês. Vá ao encontro das pessoas com curiosidade, vai se surpreender com suas descobertas.

Autodomínio em vez de perfeição

Muita coisa mudou em mim desde que incorporei em mim a "mentalidade de crescimento". Aos poucos deixei de querer ser perfeita. É claro que sempre me esforço para ser uma boa pessoa e dar o meu melhor, mas não me julgo mais por nem sempre atender às expectativas dos outros e nem às minhas. A meta não é fazer tudo certo e evitar erros, mas lidar com tudo o que aparece em meu caminho com confiança.

O autodomínio é o novo "santo graal" para mim. Eu costumava querer ser "normal" e sempre um pouco melhor do que os outros, mas agora busco o autodomínio.

Porque não se trata de erradicar seus críticos internos, os velhos *trolls* mágicos. Mas eles também não devem se tornar seus melhores amigos. Você precisa encontrar uma maneira de lidar com eles. Você deve saber como falar com eles com confiança e clareza, discernir a hora de lhes dar atenção e a hora de colocá-los em seu lugar.

Pergunte a si mesmo: "O que significa autodomínio para mim?"

Para mim, é a sensação de serenidade em todas as situações. Quero ser capaz de deixar as derrotas de lado e dormir bem, porque sei que não *sou* uma derrotada, foi apenas uma experiência que vivi. A propósito, isso não significa que não pretendo mudar. Admitir os erros e agir de forma diferente na próxima vez faz parte do processo de desenvolvimento. Mas esse processo não precisa envolver falar mal de si mesma e cair em um comportamento autossabotador. Eu não digo mais a mim mesma que sou um fracasso. Pelo contrário, acho que sou muito legal quando reconheço meus erros, analiso-os e tiro conclusões – com calma, sem pânico, sem estresse e sem colocar em risco a minha autoestima.

No seriado "Sex and the City" há uma cena em que Sarah Jessica Parker, também conhecida como Carrie Bradshaw, entra na passarela da Fashion Week como modelo e cai.

Carrie está deitada em uma posição terrivelmente embaraçosa, sendo fotografada, e ouvimos sua voz em *off*:

> Eu tinha uma escolha. Eu poderia sair da passarela
> e deixar minha modelo interior morrer de vergonha. Ou

eu poderia me levantar, com defeitos e tudo, e terminar. E foi exatamente isso que eu fiz. Porque quando as pessoas de verdade caem na vida, elas se levantam e continuam andando.[54]

Ela se levantou. Respirou fundo, ajeitou os cabelos e seguiu em frente. Não se sentiu pequena e envergonhada, mas autoconfiante e livre – um sorriso largo iluminou seu rosto. Ela cumprimentou casualmente Heidi Klum e fez uma pequena pose extra no final da passarela. Se é possível, é possível. Suas amigas aplaudiram, a coordenadora rigorosa balançou a cabeça e não pôde deixar de sorrir. Carrie pode ter caído, mas, acima de tudo, ela se levantou. *Isso é* autodomínio para mim.

É importante destacar que não acho que autodomínio signifique aceitar passivamente as nossas falhas. É importante querer mudar e melhorar.

Ao lidar com o tópico de desenvolvimento pessoal, muitas vezes você se depara com a ideia de que deve aceitar a si mesmo como é. Com tudo o que isso implica.

Eu costumava identificar meus pontos fracos, não gostava deles e fazia tudo o que podia para mudar. Depois, quando esse caminho me levou ao esgotamento, tentei exatamente o oposto: queria ver, entender e aceitar "o bom, o ruim e o feio" de mim, aprender a me amar, com todos os meus defeitos.

Na verdade, porém, esse caminho também não corresponde a "mentalidade de crescimento". Isso ocorre porque lhe falta dinamismo. Quando "aceitamos todas as fraquezas", presumimos que essas fraquezas são imutáveis – uma "mentalidade fixa" clássica. Mas esse não é o caso. Você pode se valorizar e se amar e, *ao mesmo tempo,* trabalhar esses pontos e tentar melhorar. Você pode fazer as duas coisas: ver, aceitar e abraçar as partes pouco atraentes e ainda fazer as coisas de forma diferente. Esse é o ponto ideal onde a transformação é bem-sucedida.

É um repensar em sua cabeça. Não é "Oh Deus, eu sou tão estúpido, fiz tudo errado!", mas sim "Ok, deu errado, mas agora tenho a chance de fazer muito melhor da próxima vez".

É olhar para frente em vez de olhar para trás. O processo é contínuo. Cada dia é um presente. Essa consciência é mágica.

Ainda não estou nem perto da confiança que gostaria de ter. Quando recebo um *feedback* ruim após uma apresentação, também tenho que lidar com isso. Mas, nessas situações, há três etapas que me tiram do carrossel de preocupações e talvez possam ajudar você também:

1. Olhar profundo para dentro

De onde realmente vem esse sentimento ruim? Será que a situação atual acionou o gatilho das minhas experiências, os padrões e as marcas do passado fazendo com que eu me sinta assim? Se eu entender que não é apenas o *feedback* ruim que está me perturbando, mas também todas as notas baixas e avaliações ruins dos professores do meu tempo de escola que estão voltando para mim, posso entender melhor por que essa pequena coisa parece tão grande agora. Porque tenho 13 anos novamente nesse momento e penso: estou errada.

2. Realismo e aceitação

Se eu souber o motivo que esse *feedback* de uma única pessoa (que pode ter tido um dia ruim) me afeta tanto, já ganharei terreno. Saberei que não sou a pessoa mais incompetente do mundo só porque uma pessoa não gostou da minha apresentação. Tentarei falar comigo mesma como uma amiga. "Foi realmente tão ruim assim? Você também não gosta de todas as apresentações, mesmo que muitas pessoas estejam entusiasmadas – é normal que nem todos gostem da maneira como você faz as coisas. Você ainda é uma pessoa adorável e faz um trabalho fantástico. Veja o que você já conquistou! E mesmo que essa apresentação não tenha sido tão boa, e daí? Isso acontece com todos nós."

3. Consequências e otimismo

Desta forma compreenderei de onde vem as emoções e que essa única experiência não é motivo para duvidar de todo o meu trabalho ou da minha personalidade. Aceitarei que eu também tenho falhas, mas nem por isso vou deixar de me amar. E poderei pensar no que quero fazer melhor da próxima vez. Será que a crítica que eu recebi faz sentido em alguns pontos? Então posso ser grata a ela, pois isso fará com que minhas apresentações sejam ainda melhores no futuro. Posso me desenvolver e ficar feliz por ter aprendido algo novo.

Essa última etapa é crucial para mim porque pode mudar minha atitude interior. Eu costumava pensar que, embora pudesse projetar meu futuro, não estaria em minhas mãos obter um bom resultado. Mas isso não é verdade. Posso influenciar meus próprios pensamentos e ações a cada segundo de minha vida.

Saia do carrossel de preocupações

O "Círculo de Influência" do Dr. Stephen R. Covey me ajudou muito a entender o poder de decisão que tenho em minha vida.[55] Seu modelo é baseado em um grande círculo.

Na parte externa está o "Círculo de Preocupação", ou seja, a área onde estão os problemas que não podemos influenciar nem decidir. Trata-se de algo como o clima, uma pandemia, ou seja, aquelas situações que viram a nossa vida de cabeça para baixo: doenças, decisões governamentais e assim por diante. Em outras palavras, coisas das quais estamos à mercê. Essa área atinge a muitos de nós.

Mais adiante está a área com os tópicos que podemos influenciar, mas não decidir. Por exemplo, podemos convencer nossos filhos a não usar drogas, mas, em última análise, eles mesmos tomam a decisão. Se você dirige uma empresa, pode otimizar e promover seu produto, mas seus clientes decidem se o compram ou não. Você pode pedir a seus amigos que o ajudem a se mudar, mas cabe a eles decidir se o farão.

No centro do círculo está o "Círculo de Influência". É aqui que estão localizados os tópicos que você pode influenciar e decidir. São suas ações, seus pensamentos e sua mentalidade. Você tem poder sobre eles.

Esse modelo realmente me ajuda a tirar meus pensamentos do campo da preocupação e me concentrar no que posso influenciar e decidir para provocar mudanças. Em vez de se preocupar constantemente em um círculo externo, você pode se virar para dentro e se perguntar: "O que posso fazer agora?"

O modelo também garante que possamos deixar alguns pensamentos de lado. É inútil desperdiçar energia, tempo e capacidade com preocupações sobre as quais não temos nenhuma influência. Nem tudo é culpa sua. Às vezes damos tudo de nós e mesmo assim não dá certo.

Devemos sempre nos lembrar do núcleo desse círculo. Porque esse sentimento de autoeficácia, criado pelo "Círculo de Influência", tem um efeito incrivelmente positivo na alma. É ótimo quando você consegue sair do carrossel de preocupações e enfrentar algo em vez de se entregar ao destino. Porque, às vezes, temos muito mais em nossas mãos do que pensamos.

4

Só até aqui: você precisa de limites para se conectar

Limites externos: tudo é possível – será?

O "Círculo de Influência" é um bom modelo para entender onde nós, como seres humanos, temos influência e onde estão nossos limites.

Uma pandemia, uma tempestade, uma deficiência, uma doença grave – todas essas coisas estão além do nosso controle e garantem que somos limitados. Nem tudo está em nossas mãos. Se amanhã seu parceiro sofrer um grave acidente de carro, sua vida mudará. Se você for diagnosticado com câncer depois de amanhã, sua vida mudará. Se a próxima pandemia chegar, talvez tenhamos que nos isolar novamente. Tudo isso pode acontecer. Espero sinceramente que não aconteça com você, comigo, com nenhum de nós, mas, bem, coisas indesejáveis acontecem. Esses são limites que temos de aceitar, quer gostemos ou não. E há um grande limite que gostamos de suprimir: a morte.

"A base da felicidade é aceitar que todos nós vamos morrer", disse a escritora Sabine Asgodom em um *podcast*.[56] Isso parece dramático e, ao mesmo tempo, um pouco patético, mas acho que há muita verdade nesse pensamento. Porque, ao estarmos cientes de nossa finitude, podemos conseguir sentir gratidão e humildade em relação à vida. Podemos apreciar cada dia. Se isso soa muito como um *slogan* de calendário, siga o conselho de Sabine Asgodom – ela cita a frase do conto de fadas Os Músicos da Cidade de Bremen, que diz: "Qualquer coisa, melhor do que a morte, sempre hás de encontrar".[57]

Entretanto, apesar dessas experiências serem exaustivas, difíceis, desgastantes e dolorosas, elas podem ser curativas em retrospecto. Sinta a dor para curá-la.

As experiências negativas nos mostram que a vida nunca pode ser planejada cem por cento e que a felicidade não bate à nossa porta todos os dias. Não podemos nos sentir empolgados em todos os momentos de nossas vidas. Essa atitude me incomoda bastante no cenário atual de "auto otimização": a suposição de que você precisa encontrar algo que o deixe animado o tempo todo. Isso não faz sentido. Você pode ter encontrado seu propósito, pode trabalhar para viver uma vida que lhe seja adequada, mas nem sempre ficará entusiasmado com o que faz.

Eu adoro meu trabalho, mas há algumas coisas que não são minhas favoritas. Correr atrás dos clientes, manter a calma quando o saldo da conta cai e aquela contabilidade irritante – eu poderia viver sem tudo isso.

Quem gosta de ir aos pontos de atendimento para renovar a carteira de identidade? Quem gosta de jogar o lixo fora? Nem tudo na vida nos entusiasma."Não existe almoço grátis", costumava dizer meu professor de economia, citando a frase que foi popularizada pelo autor de ficção científica Robert A. Heinlein. Tudo tem seu preço.

Nada nunca é perfeito. Mas se pudermos ter um saldo positivo no final, já terá valido a pena.

No entanto, depois de um dia ruim, cheio de papelada e uma discussão desagradável com seu parceiro, se você ouvir que pode ser feliz todos os dias sempre que tenha a "mentalidade" certa, poderá pensar que o problema é você, que está fazendo algo errado. Mas isso não é verdade. Ninguém é feliz 24 horas por dia, 7 dias por semana. Qualquer pessoa que afirme isso está caindo na armadilha da positividade tóxica: "Se estivermos sempre sorrindo, não importa o que aconteça, não haverá espaço para sentimentos negativos".

Já aprendemos que as nossas emoções não devem ser reprimidas. É somente nos momentos estressantes que podemos realmente reconhecer os bons momentos. Afastarmos constantemente tudo o que é desagradável é como empurrar uma bola para debaixo d'água: é preciso muito esforço para mantê-la sob a superfície o tempo todo e, se você estiver momentaneamente desatento, ela dispara para cima com mais força ainda. Não existe felicidade sem limites.

Portanto, minha abordagem é o realismo otimista. Acredito firmemente que certas coisas se encaixarão se realmente quisermos, e que o otimismo tem uma influência positiva no mundo e em nós mesmos. No entanto, sei que podemos influenciar nossos pensamentos e ações, mas nada mais. Nosso "círculo de influência" tem limites. Você nunca me verá choramingando e reclamando no papel de vítima, nem me verá agindo com ingenuidade. Eu me vejo nos piores cenários possíveis e, ainda assim, consigo permanecer otimista.

Essa atitude corresponde ao meu "eu adulto". Petra Bock definiu o ego infantil, o ego parental e o ego adulto.[58] Temos que reagir em todas as situações com as quais nos deparamos. E muitas vezes acabamos em nosso ego infantil ou em nosso ego parental.

• O ego infantil reconhece três estados:

1. A criança desamparada e sobrecarregada que não assume nenhuma responsabilidade e chora pela mamãe e pelo papai.

2. A criança obediente e bem-comportada que brinca com pouca coisa e funciona de modo a não irritar ninguém.

3. A criança desafiadora e atrevida que pisa, grita e aumenta os conflitos.

• O ego dos pais pode reagir de duas maneiras:

1. Os pais punitivos e que dão sermões. Falam de cima para baixo e causam sentimento de culpa.

2. Os pais superprotetores que mimam e deixam passar tudo, não estabelecendo nenhum limite.

• O ego adulto, por outro lado, é muito mais racional:

Ele mantém uma postura clara e permanece fiel a si mesmo. Ele não olha para os outros nem os trata com condescendência – ele cria um nível de visão saudável. Ele sabe que tem muitas coisas em suas próprias mãos, mas não tudo.

Os limites externos, às vezes, chegam no momento certo para nos trazer de volta à realidade. Os momentos difíceis nos ensinam a ser gratas pelos belos momentos e, inevitavelmente, nos fazem considerar quais são nossas prioridades na vida.

Por muito tempo, por exemplo, eu não conhecia limites quando se tratava de meu consumo de álcool. Beber fazia parte de tudo – em todas as festas, em todas as ocasiões. Eu nunca bebia sozinha, por outro lado não tinha problemas se não bebesse por dias ou quando estava me preparando para uma maratona, mas quando se tratava de comemorações, eu me excedia. Mesmo quando jovem, eu achava que era completamente normal beber muito. Se fôssemos a uma boate em nossa *happy hour* e fôssemos ficar mais uma hora, pedíamos cinco Red Bulls com vodca durante essa hora. Todos faziam isso.

É assim que as pessoas agem: criamos uma definição de normalidade e realidade com base em nosso ambiente. Nosso cérebro usa impressões sensoriais como entrada para criar conceitos que percebemos como realidade.[59] Às vezes esses conceitos são quebrados pelo questionamento de nossas ações, que percebemos como normais.

Comigo foi a mesma coisa. Em dezembro de 2022, depois de uma noite de festa com uma boa amiga, ela me disse no dia seguinte: "É incrível a quantidade de vinho que você consegue beber. Em um momento, achei que você estava completamente fora de si e, de repente, está tudo bem novamente".

Eu não sabia do que ela estava falando, mas percebi que não tinha sido a primeira vez. E comecei a me perguntar se isso era realmente normal. Meu corpo estava me mostrando um limite.

Por muito tempo eu ignorava quando as pessoas falavam comigo sobre meu consumo de álcool. Minha mãe me chamou de lado após a formatura do meu MBA em 2016 e disse: "Lina, fiquei chocada com o quanto você bebeu. Você perdeu o controle de si mesma".

Ignorei o fato e pensei: "Típico! As mães têm que dizer coisas assim, estão sempre preocupadas".

Foram necessários seis anos e muitas manhãs de ressaca para que eu começasse a me questionar. Quanto mais me envolvia comigo mesma em sessões de terapia, mais difícil era superar a dolorosa constatação: eu estava bebendo pelos motivos errados. Para mim beber não era uma questão de prazer, mas de coragem e pertencimento, seja na degustação de vinhos, no brinde ao sucesso ou em festas. Infelizmente, beber muitas vezes cria um senso de pertencimento e sociabilidade em nossa sociedade. Quando eu bebia, eu me sentia muito especial para as pessoas ao meu redor e lhes dizia como elas eram ótimas. Eu me tornava mais corajosa e fazia com que todos se sentissem bem – exceto eu mesma. Porque nenhuma vez a intoxicação teve um impacto positivo em minha vida. Quanto mais velha eu ficava, pior era a manhã seguinte.

O Jake entrou em minha vida em 2019. Embora tenha nascido na Polônia e, portanto, contradiga o clichê, ele raramente bebia. Se bebia, era apenas uma vodca muito boa ou um excelente Negroni. Era novidade para mim o fato de não termos álcool em casa. Eu vinha de um mundo em que sempre se encontrava um motivo para beber. No cenário de feiras e eventos em que eu trabalhava havia muita festa e, para meu ex-namorado, que era consultor, beber simplesmente fazia parte. Além disso, séries como "Sex and the City" confirmavam que um bom drinque tornava a vida melhor e mais glamorosa.

De repente, eu quase não bebia quando Jake e eu estávamos juntos. Entretanto, nos primeiros meses de nosso relacionamento, eu nunca perdia uma oportunidade de pedir bebidas em festas. Quando o Jake e eu estávamos juntos há dois meses, fomos a uma Oktoberfest em Düsseldorf. Eu me diverti como sempre fazia: excessivamente. Perdi o controle novamente. Na manhã seguinte, Jake estava sentado na beira da cama com lágrimas nos olhos, olhando para o meu rosto amassado.

"A mulher que vi ontem não é a mulher por quem me apaixonei", disse ele. Tive de engolir. Ele tinha acabado de me mostrar os meus limites.

Levei a sério as críticas de Jake e comecei a examinar meu consumo. Foi doloroso passar por essa fase, olhar e perceber: meu relacionamento com o álcool é tóxico. Não conheço limites quando bebo. E bebo pelos motivos errados.

Não foi tanto a ressaca física que me deixou deprimida. Surpreendentemente, eu havia criado uma rotina para me recuperar rapidamente dela. O que doeu foi a ressaca emocional. A sensação de não saber exatamente o que tinha acontecido na noite anterior. Bebia durante a comemoração para anestesiar a sensação de não pertencimento e, na manhã seguinte, me sentia mais sozinha e envergonhada do que nunca. Era uma relação tóxica com a bebida que não tinha nada a ver com prazer.

Essa constatação foi difícil porque meu cérebro teve que questionar um conceito que havia sido aprendido e profundamente enraizado por anos. Tive de admitir minha inadequação e encontrar um novo caminho.

Não beber não significa ser excluído. Não entendi isso por muito tempo e ainda tenho que me lembrar disso às vezes.

Em 2023, decidi não beber álcool por um ano. A mudança foi um pouco estranha no início, mas quanto mais tempo eu desfrutava de coquetéis sem álcool e acordava todas as manhãs sem ressaca, maior era a certeza: isso é incrível. Eu ainda festejava, mas minha cabeça estava muito mais clara e eu ainda conseguia aproveitar o dia seguinte.

O verão de 2023 foi uma época incrivelmente enriquecedora nesse aspecto. Curiosamente, não achei nada difícil parar de beber álcool. Devido aos meus preparativos para a maratona, sempre houve momentos em que eu não bebia, mas sempre me diziam: "Oh, Lina, por que você não abre uma exceção? Só um copo!"

Com a declaração consistente de que eu não bebia mais álcool, não houve mais pedidos do tipo "Oh, vamos lá". Minha decisão foi aceita. Ponto final. E fiquei surpresa com a forma como minha consistência interna também funcionou do lado de fora.

Naquele primeiro verão sóbria, vivi um momento especial em um casamento. Eu não conhecia ninguém além da noiva nessa festa. O momento foi quando fiquei sozinha na beira da pista de dança, sorrindo insegura. Exatamente o momento em que meus *trolls* mágicos internos acordaram e me disseram que eu não pertencia à festa, que todos estavam em pequenos grupos e se conheciam, mas eu não. "Todos acham que você é estranha", disse um *troll* mágico. "É constrangedor você estar aqui sozinha".

Normalmente eu teria pego um drinque para mim naquele exato momento. Teria afogado aquela voz e me embriagado de coragem e indiferença. Mas dessa vez foi diferente. Eu me distanciei das vozes e respondi internamente: "Meu querido, não sei que filme você está assistindo, mas estou bem. Estou em um lindo casamento, estou usando um vestido deslumbrante e estou completamente em paz comigo mesma. Não me importo com o que os outros pensam sobre mim. Porque estou vivendo – parafraseando Brené Brown – do fundo do meu coração".

Naquele momento, deixei de lado uma parte de mim que sempre quis me convencer de que eu só poderia me sentir incluída se bebesse álcool. Mas o que acontecia era o contrário. Essa parte sabotou minha personalidade, me tornou pequena e me excluiu. Ainda sinto uma profunda emoção quando penso nessa constatação – e tenho orgulho de ter conseguido seguir esse novo caminho.

Eu me perguntei e refleti depois de alguns meses: "Por que ficar sóbria por apenas um ano? Nunca mais quero beber álcool novamente. A Lina alcoolizada não dança nua sobre as mesas, mas ainda assim não gosto muito dela. O álcool ativa o modo exagerado em mim que eu quero deixar para trás. Não quero mais isso".

O álcool e eu nos separamos. Foi-me mostrado um limite – e então, conscientemente, eu o estabeleci de forma ainda mais rígida. Essa auto capacitação é boa. Podemos sentir alegria com limites. Inclusive, às vezes, a sensação de alegria é ainda maior devido a esses limites. Nem tudo é possível. Mas é possível sentir felicidade com tudo. E acordar depois de uma boa festa sem ressaca e bem descansada é simplesmente maravilhoso.

Limites internos: você pode fazer mais do que pensa

Às vezes temos a sensação de que estamos nos deparando com limites que parecem ser externos, mas que, se olharmos mais de perto, foram impostos por nós mesmas. E não estou falando do limite de abster-se de álcool, que eu mesma estabeleci *conscientemente*. Refiro-me aos limites que inconscientemente foram fixados dentro de nós e nos criam bloqueios em momentos em que isso não é realmente necessário.

Vou lhe dar um exemplo da minha vida. Minha deficiência visual significa que só posso usar *smartphones* e computadores com *software* de ampliação e programas de leitura em voz alta. Meu pai, que sempre se preocupou com a segurança, me disse para não usar serviços bancários *on-line*. E se, de repente, eu colocasse um zero a mais na quantia a ser transferida?

Portanto, durante toda a minha vida, fiz meus negócios financeiros por meio de meu pai, minha irmã ou outras pessoas em minha vida. Quando finalmente conheci o Jake, pouco depois de morarmos juntos, pedi a ele que pagasse uma conta para mim – com meu dinheiro, é claro.

Ele ficou surpreso. "Por que eu faria isso?", perguntou. "Não sou seu assistente."

"Não consigo fazer transações bancárias *on-line*." Apontei para meus olhos.

"Por que não? Você faz todo o resto", disse o Jake. Em seguida, ele riu, pois minha solicitação parecia absurda para ele. Ele não percebeu que eu estava falando sério, porque ele podia ver que eu conseguia fazer muitas outras coisas. "Você definitivamente pode fazer isso sozinha."

"Mas meu pai sempre fez isso por mim", eu disse e acrescentei docilmente: "Não tenho ideia de como tudo isso funciona".

O Jake se sentou ao meu lado, colocou um braço em volta dos meus ombros e me deu um beijo. "Eu vou lhe mostrar."

Instalamos os aplicativos bancários no meu celular e ele me explicou como eu poderia realizar minhas transações financeiras. Fiquei impressionada. Era muito mais fácil de manusear do que a maioria das ferramentas de gerenciamento de projetos com as quais eu costumava trabalhar. Depois de apenas 35 minutos, eu era capaz de gerenciar tudo sozinha. De repente, eu era a única dona de minhas finanças – na casa dos 30 anos.

Meu pai tinha boas intenções, ele queria me proteger. Mas era hora de me manter em pé. Foi graças ao Jake que percebi que minha deficiência não precisava ser uma barreira para minhas transações bancárias, e que eu só tinha me deixado levar pelo que os outros achavam: "A Lina não consegue fazer transações bancárias *on-line*".Foi só depois desse impulso externo que percebi que bastavam 30 minutos e dois aplicativos para simplesmente derrubar essa barreira que sempre me pareceu intransponível.

Mesmo sem deficiência visual, você certamente já fez suposições sobre si mesma que parecem ser limites externos, mas que, na verdade, são apenas limites internos em sua cabeça. Vou lhe dar três exemplos fictícios:

"Não posso usar isso com o corpo que eu tenho."

"Não vou conseguir ser aprovada no exame."

"Não posso abrir meu próprio negócio, pois tenho filhos."

Essas frases parecem ser limites externos, mas na verdade são limites internos. Imagine que o Jake chegue e lhe pergunte com espanto: "Por que não?"

Quando você começa a questionar seus limites internos, abrem-se novas perspectivas, novas possibilidades e novas liberdades.

Simplesmente por questionar esses supostos limites (que na verdade são apenas crenças), você deu o sinal de partida para desmantelá-los. Passo a passo, você aprende a agir de maneira eficaz e a não acreditar imediatamente em cada pensamento. Vou lhe dar um exemplo fictício baseado em seis etapas que aprendi no livro *Happy Brain Happy You* do Dr. Daniel G. Amen.[60]

Vejamos a frase de exemplo:

"Como sou uma mulher com menos de 40 anos, que tem uma deficiência visual grave e não é formada em psicologia, não posso me estabelecer como mentora executiva."

Agora, faça a si mesma as seguintes perguntas:

• Isso é verdade? – Tudo bem, respire fundo. Não é um pouco prematuro jogar a toalha sem tentar? Muitas pessoas superaram a adversidade, por que eu não conseguiria?

• Isso é absolutamente verdadeiro com 100% de certeza? – O que posso dizer com 100% de certeza? Será que me lembrei de desligar o fogão hoje de manhã? Ainda há uma luz acesa no banheiro? Meu casamento durará para sempre? A vida é uma enorme e bela incerteza.

• Como você se sente quando acredita em seus pensamentos? – Pesada, sombria e sem alternativa. Parece que estou carregando uma mochila cheia de tijolos. É aquela sensação de "comi muito chocolate e agora me arrependo" que todos nós conhecemos, só que muito mais significativa.

• Como você se sentiria se não tivesse esse pensamento? – Eu estaria vibrando e planejando minha conquista do mundo como a mentora executiva mais não convencional de todos os tempos. O mundo seria meu *playground*.

Inverta seu pensamento e pergunte a si mesma se o oposto é verdadeiro. – Certo: "Como eu, uma mulher dinâmica, com menos de 40 anos e com uma perspectiva única, posso me estabelecer como mentora executiva, com ou sem diploma de psicologia?" Ei, isso parece bom!

Pense sobre esse novo pensamento: parece que o universo acabou de me fazer um convite!

Você pode jogar esse jogo mental com muitos pensamentos que a fazem sentir que está atingindo seus limites. Desde "Ninguém gosta de mim" até "Não consigo fazer isso".

Você assume a responsabilidade por suas ações em vez de terceirizá-las e sofrer como "vítima de suas circunstâncias". Porque você não é uma vítima. Você pode mudar mais coisas do que pensa. Você define seus próprios limites internos.

Outro jogo mental me ajuda regularmente em meu processo de transformação quando sinto que quero mudar meus limites internos. Quatro etapas do trabalho de Petra Bock com o adulto interno me ajudam:

Etapa 1: Leve a sério a si mesmo e o seu assunto.Etapa 2: O que acontece se acontecer o pior?

Etapa 3: Quais impulsos você quer seguir ou deixar de seguir para poder viver seu sonho?

Etapa 4: Existe algum risco que você ainda não considerou?

Sempre fico impressionada com o que acontece quando você se leva a sério. Eu mesmo estava acostumada a descartar meus sonhos como loucura por muito tempo e sempre me mantinha dentro dos limites estabelecidos como as moscas que são condicionadas a voar apenas até o teto de vidro e, mesmo quando esse teto não está mais lá, elas não se atrevem a voar mais longe. Conheço muito bem essa sensação de "moldura segura". É exatamente por isso que é tão útil pensar seriamente em seus próprios sonhos. Na maioria das vezes, a percepção é de que, mesmo que as coisas deem errado, é possível encontrar um novo caminho – e você mesma pode estabelecer os limites.

Autossabotagem ao ultrapassar os limites

Portanto, por um lado, vemos a necessidade de capacitação – você pode examinar e eliminar seus limites internos, ser mais autodeterminada e abandonar as crenças que a impedem de viver de acordo com seu coração.

Por outro lado, também há limites que não devemos desconsiderar, mas sim reforçá-los. Em alguns casos, o que realmente precisamos é de um muro grande e alto que não possamos atravessar nem mesmo com um salto em altura. No entanto, em geral, só avistamos estes limites de longe, não lhes damos atenção, encolhemos os ombros e vamos em frente.

Por exemplo, se lhe perguntarem, pouco antes do final do dia de trabalho, se você pode fazer uma tarefa rápida, você diz que sim, mesmo que na verdade estivesse ansiosa pelo treino na academia ou por uma noite aconchegante no sofá. Em vez disso, você fica no escritório até tarde da noite.

São os limites de nossa resiliência e os limites de nosso corpo que ignoramos repetidamente. Comemos alimentos não saudáveis, nos exercitamos muito pouco e nos curvamos às exigências de uma sociedade meritocrática em vez de questioná-las. Todos os dias ultrapassamos os próprios limites que, na verdade, são estabelecidos externamente porque são limites naturais, físicos e humanos. Ninguém consegue trabalhar 60 horas por semana em longo prazo. Ninguém consegue viver sem dor sem se exercitar. Ninguém consegue se manter com quatro horas de sono por noite. Ninguém consegue se manter com saúde comendo *fast food*.

"Estou bem", dizemos. "Posso dormir quando estiver morto".

É absurdo vivermos em uma sociedade que glorifica o comportamento misantrópico. Trabalhar até a morte, ficar sem dormir e beber uma garrafa inteira de champanhe como recompensa, francamente, não é heroísmo, mas um comportamento que demonstra mecanismos de repressão e autossabotagem em vários níveis.

Por que trabalhamos tanto? Por que achamos tão difícil fazer pausas? Por que continuamos correndo?

E depois a "recompensa" – por que nos anestesiamos quando, na verdade, queremos ter orgulho de nós mesmas?

Fechamos os olhos para nossos próprios limites. Nós os ultrapassamos e agimos como se isso não importasse ou não nos dissesse respeito. Pensamos: "Os limites são para os fracos", rimos e nos destruímos.

Eu também era uma dessas pessoas, "sem limites" era meu nome do meio. O dobro de tudo, por favor. Mais festas, mais horas extras, mais consumo. Isso é sucesso, eu pensava. Até que nada mais funcionou.

Quando ultrapassamos todos os pequenos limites, acabamos esbarrando em um muro. É nesse momento que surgem as doenças mentais ou físicas. Ou ambos – porque nunca podemos olhar para o corpo e a alma de forma isolada.

No livro *Happy Brain Happy You*, Amen explica de forma impressionante o papel fundamental que nossas escolhas alimentares, por exemplo, desempenham no nosso bem-estar.[61] Ele relata como uma mudança na dieta fez com que um jovem paciente conseguisse se livrar de sua ansiedade, depressão e tiques.[62]

O corpo e a mente estão intrinsecamente ligados. Quase nunca há queixas que sejam *apenas* físicas ou *apenas* psicológicas. É uma mistura que às vezes pesa mais em um lado e às vezes mais no outro.

"Isso significa que os sintomas físicos e psicológicos são mutuamente dependentes e se reforçam mutuamente. Por exemplo, a ansiedade pode levar a palpitações e falta de ar, e doenças físicas crônicas podem desencadear a depressão."[63]

Coloquei muita pressão sobre meu corpo e minha psique por muito tempo. Até que ambos se rebelaram. Recuperar-se depois de uma experiência como essa requer uma abordagem holística e muitas mudanças.

Você não se manterá mentalmente saudável se alimentar seu corpo com uma dieta pobre e pouco exercício. Você não se manterá fisicamente saudável se tiver de suportar estresse mental extremo.

Seu cérebro é um órgão físico que você pode nutrir, manter saudável e reconstruir – e isso definitivamente inclui limites saudáveis.

Estabeleça limites: não posso fazer isso ou não quero

Somente nos últimos anos compreendi realmente que meu bem-estar é a base do meu desempenho. Quando estou bem, sou forte. Se não estou bem, sou fraca. Então tenho que trabalhar muito mais para obter o mesmo resultado, fico muito mais exausta e me torno uma pessoa estressante para os que estão ao meu redor. Como você sabe, em duas ocasiões forcei meus limites por tempo demais até cair. Ninguém se beneficia com minha privação de sono ou com meu esgotamento.

E, no entanto, ainda hoje, caio na armadilha de pensar: "Eu vou conseguir", embora na verdade eu sinta: "Não quero mais".

As necessidades básicas são muito simples: preciso comer, dormir, beber, me exercitar e fazer pausas. Preciso de tempo para mim e para meu parceiro. E você também precisa. Isso parece não ser um bicho de sete cabeças. Mas, de alguma forma, é, porque é muito mais difícil do que parece. Porque nossa sociedade simplesmente se esquece desse princípio básico e prioriza outras expectativas.

Recentemente recebi uma solicitação para participar de uma entrevista, aceitei e a agendei para o final do dia. Participei de um treinamento intensivo das 9h às 18h e realizei a entrevista às 19h.

"Amor, faça-me um favor", disse-me meu marido Jake, "se você trabalhar o dia todo, não aceite nada para a noite".

Foi essa declaração que me fez perceber que eu havia cometido um erro novamente. Eu nem sequer havia classificado essa entrevista como trabalho.

Em minha mente, a entrevista foi uma chance de compartilhar meus pensamentos em público e, talvez, uma porta aberta para novos projetos. Para o Jake, foi um tempo gasto trabalhando em vez de estar com ele – e um tempo que me deixou exausta.

É claro que ele estava certo. Porque temos limites para o que é viável, alcançável e acessível. Precisamos de momentos para não fazer nada, para distração, para falta de objetivo, para criar um equilíbrio. Precisamos de tempo para nossos entes queridos a fim de cultivar relacionamentos.

Infelizmente muitas pessoas só percebem como estão mal tarde demais, depois de ultrapassarem seus limites de forma constante e repetida.

Mesmo que entendamos que temos uma relação tóxica com nosso trabalho, não precisamos fazer isso sozinhas. Para ser sincera, não podemos. Precisamos de pessoas a quem possamos contar nossa história, pessoas que nos ofereçam empatia quando formos apanhados no carrossel de preocupações. Também é uma forma de ajuda o fato de alguém apontar com amor nossos pontos cegos e podermos aceitar essas observações.

Você e eu podemos nos treinar para reconhecer nossos limites a tempo e fazer uma pausa antes de continuar correndo. E não precisamos fazer isso sozinhas.

Estabelecendo limites
– minhas cinco técnicas –

1. Criar conscientização

Olhar atentamente para dentro de mim me ajuda a olhar para trás e reconhecer onde exagerei novamente. Quando foi que minha ambição se tornou doentia e quando foi que entrei novamente no modo *workaholic*? Esse questionamento me faz entender melhor a mim mesma, o que, por sua vez, leva a uma vida mais consciente e atenta no aqui e agora.

Isso também me ajudou a analisar mais de perto as tarefas que aceito *pro bono*. Sou muito entusiasmada e tendo a concordar rapidamente com projetos que me agradam, independentemente do fato de eu ganhar dinheiro com isso ou não. Considero essa qualidade muito valiosa e gostaria de continuar fazendo isso, mas preciso me cuidar, especialmente depois de meu histórico de dois esgotamentos, pois a generosidade e o entusiasmo podem se transformar rapidamente em sobrecarga, a euforia em exigências excessivas.

Às vezes não fazemos as coisas porque estamos 100% de acordo com elas, mas porque queremos agradar alguém ou não queremos decepcioná-lo. Às vezes não há problema em alimentar o gato da minha vizinha quando ela está de férias, por exemplo, mesmo que nem sempre eu tenha vontade de fazê-lo. Mas, em outros contextos, esse tipo de comportamento pode se transformar em autossabotagem. Por exemplo, se eu sempre digo "sim" quando um colega pede ajuda, embora eu mesma esteja cheia de tarefas pendentes, no final ele termina o trabalho no prazo e eu tenho que fazer hora extra. Ou quando, repetidamente, não sou paga por participar de um painel e, mesmo assim, continuo a participar para não ofender ninguém, mesmo que isso pareça errado.

Para me proteger de comportamentos autossabotadores e decisões euforicamente precipitadas, criei uma conta que eu chamo de "carma bom". Todo mês, dependendo do meu nível de energia, dedico de 8 a 16 horas para trabalhos voluntários, ou seja, coisas que faço para os outros *pro bono*. Quando essa conta do "carma bom" é usada, cancelo outras solicitações. Pode ser uma entrevista não remunerada, mentoria, ajuda com uma apresentação ou algum projeto.

Dessa forma, posso continuar a fazer o bem e ajudar os outros sem me prejudicar.

2. Questionar o porquê

Sempre preciso de um motivo para minhas ações. Uma resposta para a pergunta: "Por que estou fazendo isso?"O conceito de liderança "The Golden Circle" (O Círculo Dourado), do consultor de gestão, palestrante e autor Simon Sinek, tornou-se uma espécie de mantra para mim.[64] Esse "Círculo" é estruturado da seguinte maneira:

Dentro, no centro, está a pergunta "por quê?", em outras palavras: "Por que estou fazendo algo?"

Em torno desse "por que" está o "como", ou seja, como posso realizar esse valor ou essa meta?

Na parte externa está o "o que", ou seja, o que eu faço especificamente?

O "Círculo Dourado" é usado principalmente por empresas e departamentos de *marketing* para vender não apenas um produto em si, mas, acima de tudo, a ideia por trás dele. Mas também considero o conceito útil para meu próprio desenvolvimento pessoal. Ele me ajuda a definir meus próprios motivadores e metas e a agir de dentro para fora, e não de fora para dentro. Por outro lado, ele me incentiva a perguntar a outras pessoas por que devo fazer determinadas coisas e qual é o objetivo subjacente, porque todos temos o direito de entendermos os motivos por trás das decisões das pessoas. Não importa se uma criança pergunta à mãe por que deve ir para casa agora, ou se um funcionário pergunta ao chefe por que tomou determinada decisão. Essas perguntas devem ser permitidas, ninguém precisa obedecer cegamente. Uma cultura aberta de diálogo é importante para que possamos trabalhar juntos.

Um bom exemplo de um "porquê" é a corrida. Desde 2018, corro uma maratona a cada dois anos. Vamos ser francos: correr uma maratona é estimulante, mas também muito cansativo. Para ser sincera, eu provavelmente nunca me submeteria a essa agonia se eu não tivesse um objetivo específico. Organizo as maratonas como corridas beneficentes e arrecado dinheiro para uma boa causa que luta por mais oportunidades iguais para as crianças.

Esse "porquê" é tão forte que me permite sobreviver a toda a dor e agonia. Se eu não tivesse isso, desistiria depois de alguns quilômetros. E é assim que sempre acontece na minha vida. O "porquê" estabelece o limite. Em sessões de treinamento, eu mesmo elaborei meu grande "porquê", que me ajudou a estabelecer meus limites repetidas vezes durante anos: "Inspirar as pessoas e ajudá-las a liberar seu potencial".É isso que me faz feliz e me realiza. Sempre que me afastei dessa meta fiquei doente ou infeliz. Se o propósito de minhas ações for claro e superar os aspectos negativos, então estou preparada para dar muito. Se isso não levar a lugar algum, se não corresponder ao meu "porquê" e nem mesmo for divertido, então um limite foi definitivamente atingido.

Profundolhar • 137

3. Definir valores

Isso me ajuda a revisar constantemente meus valores e a priorizá-los claramente quando estou lidando comigo mesma. A propósito, valores não são o mesmo que metas, embora esses termos sejam frequentemente usados de forma intercambiável. As metas podem ser listadas e marcadas. As metas típicas seriam: férias no Canadá, uma viagem ao redor do mundo, uma promoção, um aumento de salário, uma casa no campo. Os valores, por outro lado, não são eventos individuais. A Dra. Sophie Mort os descreve como "qualidades e experiências que [você] quer ter, e não pode marcá-las uma a uma".[65] Elas podem incluir compaixão, família, liberdade, flexibilidade, amizade ou saúde. Se você visita sua família uma vez a cada cinco anos, você não vivenciou o valor da família. Somente quando você organiza sua vida de forma a criar o máximo de espaço possível para sua família é que você age de forma orientada por valores. Portanto, trata-se das coisas que são realmente importantes para você e às quais você quer dar espaço. E não importa se as pessoas ao seu redor veem isso de forma diferente. O que importa é você. E a sua chance de viver uma vida de valor.[66]

Para definir meus valores, estudei muito o trabalho de John Strelecky em 2018 e elaborei meus *Big Five for Life*, ou seja, os cinco pilares fundamentais na minha vida.[67] Eles são: relacionamento, conscientização, histórias, maratona e inspiração. É o que me realiza.

E eles sempre me ajudam a definir meus limites para que eu permaneça fiel a mim mesma e aos meus valores.

Outro conceito de John Strelecky me lembra como é importante definir o que realmente é importa para nós: o "museu da vida".[68] Trata-se de imaginar que cada momento de nossa vida é levado em conta. Todos os dias, todas as experiências são registradas e acabam em uma exposição. O que você vê quando passa por esse museu?

Você gosta dele? Ou há um número assustador de momentos desagradáveis nos quais você se resignou? Quando ouvi pela primeira vez a ideia do "Museu da Vida", comecei a questionar muitas coisas e, até hoje, continuo me lembrando de que sou responsável por organizar meu museu de tal forma que eu possa andar pela exposição com um sorriso. É claro que nem todos os dias serão brilhantes e bonitos, todos nós sabemos disso, mas o que está nesse museu deve parecer real e condizente com o que eu acredito.

4. Lembrar que um "sim" para mim é um "não" para os outros

"Quero dizer sim a mim mesma sem prejudicar os outros", eu disse recentemente à minha mentora, de forma bastante casual. Ela imediatamente perguntou:

– "Espere um pouco. Você quer se defender, certo?"

– "Sim."

– "E você acha que pode fazer isso sem magoar ninguém?"

– "Estou... tentando", eu disse, e soou como uma pergunta.

Ela não precisou dizer mais nada, eu mesma descobri: um "sim" para mim é um "não" para os outros, quer eu goste ou não. As decepções com os outros são inevitáveis. Eu realmente sei disso. E, no entanto, essa frase foi mais uma vez decisiva para mim: um "sim" para mim é um "não" para os outros. Não tem problema. Não estou sozinha quando me defendo, mas vivo do fundo do meu coração. As pessoas que realmente gostam de mim ficam ao meu lado, mesmo que às vezes eu as rejeite. Porque também aprendi uma coisa: às vezes, as coisas não desandam depois que eu digo "não". Às vezes, as outras pessoas realmente me acham legal e forte, ou simplesmente dão de ombros e dizem: "Tudo bem". O mundo continua girando. Mesmo, e ainda mais, quando você diz "não".

5. Pedir ajuda externa

Se você sente que está constantemente ultrapassando seus limites e acha difícil continuar sendo o "unicórnio cintilante" que você realmente é na loucura da vida cotidiana, peça às pessoas ao seu redor que lhe avisem quando sentirem que você está novamente ultrapassando seus limites. Quando seu brilho ficar cada vez mais cinzento. Para mim, o Jake é o meu conselheiro mais importante, porque ele percebe quando o estresse é bom para mim e eu estou tirando proveito dele, e quando estou do lado de fora novamente e me deixo levar por crenças limitantes e expectativas dos outros sem ter em mente meus próprios valores e limites. Ele é meu corretivo. E, se ele não souber o que fazer, ainda tenho toda uma rede de pessoas que me dão uma bronca quando ultrapasso os limites novamente.

Às vezes, penso em criar o "*Workaholics* Anônimos" para que possamos sempre nos apoiar e nos beneficiar das experiências dos outros. Porque, com todas as ideias sobre como permanecer fiel a si mesmo e seguir seu próprio caminho, você nunca deve se esquecer de que continua sendo parte da coletividade. Você pode precisar de outras pessoas. É permitido falar sobre suas dificuldades e inseguranças, admitir que precisa de um abraço e sentir que isso não significa que você perdeu o senso de pertencimento, mas que sua abertura, na verdade, faz com que os outros se sintam menos sozinhos e permite que vocês se conectem. Precisar dos outros não é um sinal de fraqueza, mas a base do ser humano. E ser aberto em relação a isso permite que você cresça.

Dias de trapaça para a alma: os limites da "auto otimização"

Respire fundo. Olhe pela janela. Faça uma caminhada.

Quando foi a última vez que você assistiu a um filme?

A "auto otimização" e a busca de significado podem ter limites. Sei que ajudo as pessoas a desenvolverem seu potencial, mas, na minha opinião, só somos realmente bons se também fizermos coisas que são completamente inúteis e sem propósito. Você pode assistir a um filme brega que ninguém assiste sem se sentir culpado. Você pode assistir à sua série favorita pela quinta vez, mesmo que ela tenha ficado ultrapassada. Você pode assar biscoitos toda vez que tiver vontade. Você pode se soltar. Assistir a vídeos engraçados de gatos no YouTube ou tomar um pote de sorvete de chocolate. Faça coisas que não tenham um "retorno sobre o investimento", que não tenham a ver com alcançar resultados ou avançar em sua carreira.

Arianna Huffington desmaiou de exaustão em 2012, quebrando a maçã do rosto e precisando de cinco pontos no olho. Ela diz em um TED Talk: "Estou aqui hoje para lhe dizer que o caminho para uma vida mais rica, criativa e alegre é dormir o suficiente".[69]

É significativo que muitos na plateia tenham rido dessa frase, possivelmente ignorando a importância e a seriedade dessa afirmação. Porque ela parece banal, talvez até um pouco ridícula. Mas ela está certa. Negligenciamos nossas necessidades mais básicas para ter um bom desempenho. Esquecemos que esse nosso desempenho e a nossa saúde mental sofrem em longo prazo quando fazemos isso.

Também tive de aprender que não há problema em não progredir o tempo todo. Mesmo e principalmente nos momentos em que eu estava muito preocupada comigo mesma e com meus mecanismos de entorpecimento, eu me questionava quando estava descansando: Será que estou apenas desviando o olhar novamente? O que estou tentando bloquear enquanto ouço música alta ou assisto à Netflix? Isso não é ruim para minha cabeça?

É importante observar que há uma diferença entre escolher conscientemente o escapismo e anestesiar inconscientemente as emoções. A anestesia é uma forma de repressão e de desviar o olhar. O escapismo consciente, por outro lado, é saudável. Criar espaço para si mesmo significa autocuidado. Porque trabalhar em você também requer esforço. Qualquer pessoa que já tenha participado de uma sessão intensiva de terapia sabe como ficamos exaustas depois. Há lágrimas e suor – não sei como você consegue lidar com isso, mas eu definitivamente preciso de um descanso depois.

"Não precisamos continuar mudando para sermos bons o suficiente. Não importa se atingimos nossos marcos ou não", diz a Dra. Sophie Mort.[70]

Acho esse pensamento incrivelmente libertador. Tire a pressão. Permita-se não ter que decidir ou realizar nada.

A pergunta "por que" fazemos o que fazemos, que também é muito importante para mim, nem sempre pode ser respondida. Às vezes, é apenas uma sensação boa. E isso é suficiente por enquanto. A busca de significado também pode bloqueá-lo – confie em sua intuição. Se você ainda não entende o porquê, mas parece absolutamente certo, faça-o mesmo assim. Permita-me repetir a bela citação de Sören Kierkegaard: "A *vida* só pode ser *compreendida* olhando para *trás*, mas só pode ser *vivida* olhando para a *frente*".

Talvez você possa encontrar uma atividade em que possa estar completamente consigo mesmo, sem pressão, sem restrições.

Sempre achei que correr é uma atividade que me permite relaxar. Quando corro, eu corro. Nada mais. Não preciso estar produzindo algo.

Descobri minha paixão pela corrida depois de viajar pelo mundo, quando morei no Brasil por algumas semanas em 2003. Você deve se lembrar que caí na armadilha da beleza durante esse período, treinei como uma louca e quase não comi. Olhando para trás, esses meses foram mais do que prejudiciais à saúde, tanto física quanto mental.

Ainda assim, sou grata por essa experiência, pois, caso contrário, talvez nunca tivesse descoberto minha paixão pela corrida.

É estranho: não tenho nenhuma ambição esportiva. Não se trata de tempo, não se trata de meu ritmo, não se trata de calorias. Estou interessada apenas em passar um tempo comigo mesma e sentir como o exercício me faz bem. É por isso que continuei, mesmo depois de ter deixado para trás o vício em esportes e ter sofrido de anorexia. Eu corria sempre que podia.

Quando tive a ideia de começar a fazer corridas beneficentes e, finalmente, planejei minha primeira maratona em 2018, naturalmente foi necessária uma preparação intensa e também um gerenciamento do tempo. No entanto, nem sempre me importei com o resultado da maratona. A atmosfera nessas grandes corridas é simplesmente fantástica. As pessoas torcem e eu sou aplaudida por todos os lados — não apenas pelos espectadores, mas também pelos outros corredores. Nós nos parabenizamos o tempo todo por esse poder.

Não preciso provar para mim mesma o quão rápida sou na maratona, apenas me permito ser admirada por correr 42 quilômetros por uma boa causa. Recolho doações a cada quilômetro e posso ajudar crianças. Tudo o que me importa é chegar, no máximo, antes da equipe de limpeza. Pensando bem, mesmo que eu chegasse junto com o caminhão de limpeza, ainda assim eu comemoraria e daria um "toca aqui!" sorridente com os ajudantes.

Correr sempre me ajudou a organizar meus sentimentos e a processar minhas experiências. Posso correr sozinha em certas rotas que conheço bem, apesar da minha deficiência visual, e, portanto, sou independente de outras pessoas — isso é muito importante para mim, pois às vezes eu preciso sair imediatamente, sem esperar que alguém tenha tempo e disposição. Só para espairecer.

Ao mesmo tempo, correr também me ajudou a aceitar ajuda. Porque quando não há ninguém por perto e estou correndo em um lugar novo, é difícil eu manter o meu estado de *flow*. Se eu tiver que me concentrar constantemente para onde estou indo, isso será uma fonte constante de tensão. Portanto, para conservar minha energia, decidi ter alguém comigo sempre que possível em rotas desconhecidas.

Também sempre tenho um treinador de corrida ao meu lado quando estou me preparando para uma maratona e preciso de pessoas que me emprestem seus olhos e corram comigo. Isso já resultou em encontros emocionantes, conversas inspiradoras e novas amizades. É claro que também tive que abordar isso pouco a pouco e lidar com meu orgulho, que às vezes era simplesmente ridículo. De "Eu corro sozinha" para "Eu corro com alguém ao meu lado" e para "Eu corro com uma camiseta e uma faixa me identificando como 'Corredora Cega' ", foi um processo que levou alguns anos e conflitos internos. Mas hoje tenho até orgulho de poder aceitar ajuda. Como ninguém pode tirar a corrida de minhas mãos, ainda corro a maratona por conta própria. É muito agradável poder confiar em outras pessoas e sentir uma conexão valiosa que sempre me emociona e inspira. Encontro paz em mim mesma quando corro e, depois de cada corrida, me sinto melhor do que antes.

O que é isso para você? Que atividade permite que você se desligue e esqueça de tudo ao seu redor? Quando você está em estado de *flow*?

Quer você encontre essa paz no esporte, tocando piano, pintando, fazendo macramê ou em qualquer outro lugar, dedique-se a ela. Reserve um tempo para a falta de sentido. Vá dormir. Descanse. Assista a séries. Vá dançar se tiver vontade. Não meça seu valor por marcos, mas assegure-se que esse valor se mantenha.

A inclusão não é ilimitada

Muitas pessoas pensam que inclusão significa quebrar barreiras. Há uma suposição na mente de muitas pessoas de que o acesso ilimitado a tudo para todos é exatamente o que queremos alcançar. Mas eu vejo isso de forma diferente. A inclusão não é a ausência de limites e a igualdade absoluta de tratamento, mas uma troca sobre as necessidades e um consenso comum.

Um ex-chefe costumava me dizer: "Tratar pessoas desiguais de forma igual não é justiça, é igualitarismo".

Infelizmente, a *igualdade* de oportunidades é muitas vezes mal interpretada como igualdade de *necessidades*. Frequentemente encontramos a metáfora de uma corrida em que as pessoas privilegiadas estão perfeitamente treinadas e têm uma grande vantagem, enquanto as pessoas menos privilegiadas, incluindo mulheres, pessoas com deficiência, imigrantes e pessoas da comunidade LGBTQIAPN+ começam com inúmeras desvantagens competitivas desde o início. Portanto, elas devem receber vantagens, uma vantagem inicial, calçados melhores e um bom treinamento.

Entendo essa imagem e acho que a ideia de que queremos dar a todas as pessoas as mesmas oportunidades é correta.

Mas alguém já perguntou às pessoas se elas querem participar dessa corrida? Por que todos devem correr o mesmo *sprint*? Por que não dividimos o percurso até a chegada como uma corrida de revezamento para que ninguém tenha que correr até a exaustão e todos corram exatamente a distância que conseguem? E será que toda essa corrida é tão eficaz?

O psicólogo e autor norte-americano Adam Grant diz em seu TED Talk: "Nós [podemos] mudar a definição de sucesso. Em vez de transformar tudo em uma competição, o sucesso das pessoas [...] é definido por sua contribuição. Acredito que a maneira mais significativa de ter sucesso é ajudar todos a terem sucesso."[71]

Trata-se de trabalhar juntos, não uns contra os outros.

Gostaria que as pessoas voltassem a conversar e que trabalhássemos juntos de forma que todos tivessem oportunidade de mostrar o seu melhor e fizessem aquilo que são bons e gostam de fazer. Nem todo mundo tem o mesmo objetivo. Acho que essa ideia fundamental de inclusão está errada.

Não existe justiça se dermos a todos as mesmas condições iniciais e depois todos competirem entre si. Justiça é quando nos sentamos juntos e definimos metas e caminhos de forma que todos ficam satisfeitos. Em minhas sessões de treinamento, gosto de perguntar: "Como é o resultado?" Não se trata de fazer com que os outros percam de forma justa, mas de permitir que o maior número possível de pessoas ganhe e atinja metas em conjunto.

E, sim, os limites são necessários para conseguir isso. Os líderes, por exemplo, precisam definir o caminho e estabelecer limites para a equipe. Entretanto, esses limites não surgem arbitrariamente, mas por meio do diálogo. No trabalho, na sociedade, nos relacionamentos interpessoais, o mesmo se aplica a todos os lugares: precisamos conversar sobre onde estão nossos limites e como podemos chegar a um consenso. E esse diálogo deve ocorrer repetidas vezes, pois os limites e as necessidades mudam.

Vou dar um exemplo bem simples: você pode estar quebrando a cabeça para fazer o bolo perfeito para a sua festa de aniversário. Bases de pão de ló, recheios, decorações elaboradas – você fica sobrecarregada só de pensar em comprar os ingredientes e passa cinco horas exaustivas na cozinha. A verdade é que nenhum de seus convidados gosta particularmente daquele bolo. Todos eles adoram o bolo de limão que você costuma fazer e ficam secretamente desapontados com a falta dele em sua festa deste ano. Porque, apesar de todos os seus esforços, seu bolo tem um gosto, bem, um pouco comum. Se vocês tivessem conversado entre si, todos teriam ficado mais felizes com o bolo de limão e você teria se poupado de muito estresse.

Para mim, é disso que se trata. Sobre o diálogo.

É assim também que funciona a inclusão.

A acessibilidade só faz sentido onde as pessoas precisam dela. E, embora possamos adivinhar isso, nunca saberemos se não conversarmos uns com os outros.

Em meus relacionamentos anteriores, muitas vezes mantive o silêncio e vivia pisando em casca de ovos para evitar dizer a coisa errada. Eu tinha medo de ofender meu parceiro e arruinar nosso relacionamento. Que besteira! Porque só podemos criar uma proximidade real se comunicarmos os limites. A proximidade baseada na desinformação não dura.

Houve um momento em meu relacionamento com o Jake em que ele traçou um limite com o qual eu tive que me conformar. Nós realmente queríamos nos casar em Sylt em outubro de 2021. Tínhamos planejado tudo: os convites tinham sido enviados, as flores encomendadas, o local reservado.

Em 3 de agosto de 2021, o Jake me disse que teríamos que adiar o casamento. Para mim, essa declaração veio do nada – e virou meu mundo de cabeça para baixo.

Desde que planejamos, tudo havia dado certo. Em 2020, meu trabalho autônomo teve um início turbulento, que coincidiu com a pandemia, mas depois as coisas foram melhorando cada vez mais. Nós dois trabalhamos duro e fomos bem-sucedidos. Eu tinha a sensação de que estávamos vivendo uma vida perfeita. Mas o Jake tinha uma sensação muito diferente em relação ao nosso dia a dia: estávamos vivendo um ao lado do outro em vez de um com o outro. Tanto trabalho, tão pouca vida. Ficávamos sentados no escritório e conversávamos sobre nossos trabalhos em vez de vivenciarmos coisas juntos. Víamos muito um ao outro, mas seguíamos nossas respectivas listas de afazeres. Eu conhecia essa vida. Meus pais a tinham vivido e eu a via como normal.

Mas o Jake queria mais. Ele não queria uma companheira de viagem, ele queria uma esposa. Ele não queria um espaço de trabalho compartilhado, ele queria um lar.

Ele disse que ainda não estávamos prontos para nos casar. E que deveríamos adiar o casamento.

Foi difícil, nós dois derramamos muitas lágrimas nos dias seguintes ao seu pedido. Na época, eu não entendi imediatamente o que ele quis dizer. Mas conversamos muito sobre isso e ainda hoje tiro meu chapéu para ele por ter traçado esse limite. Foi um passo corajoso que poderia ter levado a um rompimento. Mas, curiosamente, eu não pensei em ir embora nem por um momento. Ele também não. Em vez disso, conversamos sobre nossos valores, nossas expectativas e nossos limites. Essa decisão foi tão boa para nosso relacionamento que a nossa relação como casal deu um grande salto.

"Às vezes é preciso demolir para construir de novo." Às vezes, é preciso derrubar as coisas para construí-las novamente.

Para que isso funcione – a comunicação honesta dos limites, o diálogo, a troca de informações sobre as necessidades – é necessário conhecer bem nossos limites e a si mesma. É por isso que continuo dizendo que será maravilhoso se você passar por isso: a inclusão funciona de dentro para fora. Comece por você mesma. Reconheça o que é importante para você e o que você precisa. Quando tiver clareza, você poderá comunicar isso ao outro e começar a dialogar.

5

Quem você foi, quem você é e quem você quer ser

Em busca de minha identidade

Agora você sabe que lidar consigo mesma é inevitável se quiser levar uma vida consciente e inclusiva. Portanto, você terá que se perguntar: "Quem sou eu?", porque somente depois de ter "se encontrado" você poderá agir de acordo com seus valores e crenças.

Por muito tempo vi as coisas da mesma forma e pensei muito sobre minha identidade. Eu me deparei com muitas perguntas:

. Sou brasileira ou alemã?

. Eu me identifico como uma pessoa com deficiência?

. Sou introvertida ou extrovertida?

As respostas são bastante insatisfatórias:

. Na Alemanha eu sou brasileira, no Brasil eu sou alemã.

. Entre os cegos, eu sou a que vê; entre os que veem, eu sou a cega.

. Gosto de conectar as pessoas, mas preciso de muito tempo para mim.

Foi desgastante. Eu queria saber quem eu era! Fui ficando cada vez mais insegura. Em minha busca pela identidade única encontrei cada vez mais aspectos que me mostravam que minha busca seria infrutífera, que eu estava ficando cada vez mais perdida, em contradições. *A identidade* única a qual eu queria me apegar não existia. Eu não me encaixava em lugar nenhum. E isso era terrível.

A busca por identidade é basicamente a busca por pertencimento. Queremos fazer parte de um grupo social, queremos sentir que as pessoas ao nosso redor têm a mesma opinião que nós. Queremos ser compreendidos. Dizer "nós, alemães" ou "nós, brasileiros" sempre me pareceu errado. Porque eu não pertencia a um grupo. Depois, havia as estranhas diferenças em termos de orgulho nacional. Na minha época de estudante, quando eu amarrava uma bandeira do Brasil na minha mochila, todos achavam legal, mas quando uma amiga fazia o mesmo com uma bandeira alemã, ela era considerada nazista. Como diabos você pode sentir que pertence a um lugar nessas circunstâncias?

Como teuto-brasileira, estou bem ciente das diferenças culturais entre essas nações, muito além do patriotismo.

O Brasil é uma "cultura de alto contexto", na qual grande parte da comunicação ocorre por meio de sinais indiretos e não verbais. Expressões faciais, gestos, o ambiente da conversa, as funções das pessoas envolvidas – essas informações são cruciais para o conteúdo de uma mensagem.

Na Alemanha, uma "cultura de baixo contexto", o estilo de comunicação é muito mais direto. O que não é dito não conta, as informações "codificadas" dificilmente recebem qualquer atenção.

Não é de se admirar que esses mundos se choquem repetidas vezes. E, na verdade, é um milagre que meus pais tenham conseguido manter seu casamento intercultural, com suas maneiras completamente diferentes de falar um com o outro, por tantas décadas, e agora estejam mais apaixonados do que nunca.

Mas havia uma coisa da qual eu sempre tive inveja: a identidade de meus pais era evidente, pelo menos em termos de suas origens. Minha mãe era brasileira, meu pai era alemão. Só que para mim não havia um plano. Ninguém em meu círculo de amigos era "teuto-brasileiro" e, portanto, eu não tinha ideia de como deveria me comportar. Eu estava procurando um modelo a seguir, uma figura de identificação, mas não encontrei. Eu me sentia solitária. Muitas vezes eu fazia a mediação entre meus pais quando eles estavam conversando de forma conflituosa. Naquela época, porém, eu não via esse pensamento multicultural como um ponto forte, apenas percebia que tinha as duas culturas dentro de mim, mas não sentia que pertencia completamente a nenhuma delas. Entre as duas culturas, perdi o acesso a mim mesma.

Não estou sozinha nessa experiência como uma "garota de terceira cultura": 35% de todas as famílias na Alemanha têm origem estrangeira, o que significa que quase uma em cada quatro crianças cresce com mais de um idioma e cultura.[72] Embora as crianças de terceira cultura sejam consideradas particularmente tolerantes, autoconfiantes e interessadas, porque conhecem mais de uma visão de mundo e demonstram mais visão de futuro, muitas delas também conhecem a sensação de não se sentirem em casa em nenhum lugar. A tristeza de sempre ter de deixar uma parte para trás ao se mudar para outro país também pode ser formativa. Essas circunstâncias podem levar a uma certa inquietação que eu conheço bem.[73] A corrida, a busca, o desejo de provar meu valor – já falei sobre isso.

Tive uma sensação de alívio quando fiz um teste de DNA para analisar meu histórico genético. Isso revelou que sou 37% portuguesa, 29% russa, 23% alemã, 4% sul-americana, 3% indígena latino-americana e 2% camaronesa e nigeriana, respectivamente. Estou lhe dizendo: sou um unicórnio cintilante e colorido!

Quando conheci a história de minha família percebi que quase ninguém na família de meus pais havia morrido na cidade em que nascera. Somos algo como nômades europeus e sul-americanos; posso me considerar uma cidadã do mundo com a consciência tranquila. Quando percebi isso, fiquei aliviada, pois não é que eu seja ingrata ou não seja adaptável o suficiente, mas estou simplesmente procurando o lugar onde me sinto mais em casa. E é uma dádiva incrível poder viver em um mundo onde isso é possível. Posso emigrar, me mudar, posso ouvir meus sentimentos e me reorientar. Uma nova rodada, novas oportunidades. Nossas decisões de vida não são definitivas. Temos permissão para experimentar, cometer erros e começar de novo. É melhor tentar e fracassar do que fracassar *sem tentar*.

Uma parte importante de minha busca por identidade girava em torno de minha deficiência. Devo vê-la como uma parte importante de minha personalidade? Ou ela é apenas um fenômeno periférico e não me define? Por um lado, sei que sou *mais* do que minha deficiência visual, mas, por outro lado, lidar com ela me ensinou muito e talvez eu fosse completamente diferente sem ela. Se você me conhecesse hoje, talvez nem percebesse, a princípio, que não consigo enxergar quase nada. Quando conheço o espaço em que estou, tenho uma espécie de mapa em minha cabeça. Geralmente eu me movo por ele sem esforço. (É verdade, nem sempre. As portas de vidro são minhas inimigas naturais!) Durante as conversas não consigo me fixar na outra pessoa, mas, fora isso, você não notará nada na maneira como falo ou no conteúdo sobre o qual falo. E isso não é um desempenho que consome a minha energia, é apenas como eu vivo. Não me sinto deficiente em minha vida cotidiana, e surpreendo e confundo as pessoas com isso. Às vezes, até eu mesma, porque não sou realmente um bom exemplo de uma mulher com deficiência.

Era tudo muito frustrante, eu lhe digo. Eu não conseguia encontrar um modelo para minha vida que pudesse imitar. Eu também não me via como um modelo para os outros.

É empolgante o fato de olharmos para o mundo exterior em busca de modelos e exemplos, mas nós nos comparamos com os outros e sempre temos a sensação de estar perdendo na comparação e de não nos sentirmos pertencentes.

Você também reconhece isso? Temos imagens em nossa cabeça de como deveríamos ser – como filha ou filho, como amigo, como funcionário, como líder, como mãe ou pai, como parceira. Observamos como os outros fazem isso e os imitamos da melhor forma possível.

Esse desempenho é a imagem que apresentamos ao público. Assumimos um trabalho que parece bom. Usamos roupas que estão na moda. E, céus, pode ser verdade que o suco de salsão fresco pela manhã seja saudável, mas quem realmente bebe isso todos os dias com prazer? Será que não se trata de passar uma imagem de uma pessoa particularmente preocupada com a saúde?

Pergunte a si mesmo se está realmente fazendo as coisas por si mesmo ou para atender a uma determinada percepção externa e para poder acompanhar os outros.

Eu sei como é difícil se libertar disso, porque se você simplesmente não ligar para o que os outros esperam de você e decidir fazer o que quiser, depois de um tempo começará a se sentir sozinho.

Profundolhar • 153

A verdade é: você precisa de outras pessoas para ser feliz. Mas não há apenas essas duas opções: se entregar ou ficar sozinho. Você pode ter relacionamentos saudáveis e ser fiel a si mesmo. Não é preciso sacrificar seus valores às supostas exigências do mundo exterior. Você pode reconhecer que sua identidade não é uma decisão "ou/ou". E não se esqueça: o conceito de Carol Dweck de "mentalidade de crescimento" também se aplica aqui.[74] Você "não é". Você era, você está se tornando, você está mudando. Sua busca por identidade nunca pode terminar, isso seria uma mentalidade rígida e irreal. Portanto, esteja aberta, observe a si mesma e fique curiosa sobre quem você ainda pode ser!

Não sou um ou outro

Não sou fácil de categorizar e nem sempre consigo me identificar com pessoas politicamente comprometidas que estão lutando pela inclusão, pois algumas delas tendem a pensar em termos de um ou o outro. Acredito que esse pensamento polarizado que consiste em ser a favor ou contra alimenta uma atitude que impede a inclusão.

Em seu livro *A Coragem de Ser Você Mesmo*, Brené Brown faz uma distinção importante: por um lado, há questões em que a neutralidade ajuda os atormentadores e prejudica as vítimas. Às vezes, é preciso que as pessoas levantem suas vozes para colocar fim à injustiça. Mas, por outro lado, esses dois polos geralmente são apresentados de forma muito emocional, desesperadora e distante, de maneira que nossos medos são ativados, o "medo de não pertencer, de ser considerada errada ou até mesmo parte do problema".[75]

É mais fácil tomar partido. Nós nos sentimos seguras e pertencentes, e sempre podemos ter as pessoas ao nosso redor confirmando que estamos certas e os outros estão errados. Eles contra nós. Nós contra eles.

Superar o pensamento "ou/ou" requer coragem e pensamento crítico.[76] Infelizmente, recusar-se a tomar partido muitas vezes leva ao ressentimento. As pessoas tendem a pensar: se você não é a meu favor, então você é contra mim. Mas isso não é verdade. Pelo contrário: o ceticismo saudável funciona como um "detector de besteiras", como diz Brené Brown de forma tão bela, pois na grande maioria dos casos há milhões de tons de cinza entre o preto e o branco. Somente por meio de debates, discussões e perguntas é que podemos realmente resolver problemas, reconhecer esses tons e subtons e chegar a acordos. Aqueles que tentam silenciar as pessoas e suprimir seu pensamento crítico por meio da percepção de falta de alternativas criam um terreno fértil para o comportamento não humano. O pensamento preto e branco não faz sentido na maioria dos casos.

Em seu livro *The Magic of Transformation*, o autor e palestrante Reza Razavi descreve como nos acostumamos a ver as contradições como erros. Exigimos a não ambiguidade dos termos, a consistência das declarações e achamos que um lado de uma contradição completa deve estar correto (e que não há uma terceira possibilidade).[77]

Aderir a essa forma de pensar pode ter consequências terríveis. Basta pensar nas guerras, nos estupros em massa e nos genocídios que se baseiam em pensamentos como "eles ou nós".

Em seu livro *O Cérebro – Uma Biografia*, David Eagleman explica que nosso cérebro tem a capacidade de atenuar as reações emocionais sob certas circunstâncias. É assim que as pessoas podem amar sua própria família e matar uma outra em situações de guerra. "Os sistemas emocionais que orientam as decisões sociais em circunstâncias normais são desligados."[78] Isso é chamado de "síndrome E"[79].

Surpreendentemente, não é preciso muito para criar um senso de pertencimento que torna essa "síndrome E" possível. Eagleman descreve um experimento no qual as pessoas observam várias mãos humanas sendo picadas por uma seringa. No entanto, as mãos foram rotuladas com informações sobre o grupo ao qual a pessoa pertencia – cristão, ateu, muçulmano, judeu e assim por diante. De fato, somente essa rotulagem da mão foi suficiente para medir diferenças significativas nas respostas não conscientes do cérebro. Os participantes sentiram muito mais compaixão por pessoas do mesmo "time", ou seja, de sua própria religião, do que por outras.

Outro experimento mostrou que os circuitos sociais no cérebro, especialmente no córtex pré-frontal medial, não eram ativados quando as pessoas viam moradores de rua ou viciados em drogas. O cérebro consegue desumanizar essas pessoas e processá-las mais como objetos, desumanizando-as.

Precisamos combater ativamente essa função em nossos cérebros. Precisamos ensinar às crianças que a participação em grupos geralmente se baseia em requisitos arbitrários e não corresponde necessariamente à verdade. Devemos treinar constantemente as crianças e a nós mesmos para pensarmos criticamente e mantermos conscientemente nosso "detector de besteiras" funcionando.

Mas também sei como é difícil criticar quando reconhecemos uma bobagem. É preciso coragem. Justamente porque as pessoas que dizem "você é meu amigo ou meu inimigo" muitas vezes parecem tão convincentes e poderosas, pois existem hierarquias que nos intimidam. E porque as contradições e as críticas são tão difíceis de suportar.

Mas é justamente nesses momentos que precisamos de ceticismo.

Amy Edmondson explica em sua palestra TED "Como criar segurança psicológica no trabalho"[80] que nenhum de nós quer acordar de manhã e ser percebido como ignorante, incompetente, insistente ou negativo. Para que isso funcione e nos mantenhamos seguros, não fazemos perguntas, não admitimos erros, não compartilhamos novas ideias e não criticamos o *status quo*. Essa estratégia funciona – pelo menos para nos proteger de atrair atenção negativa, mas ela também impede que nós, e todos ao nosso redor, aprendamos. E, embora você não seja visto como rebelde, também não é visto como um pensador crítico.

Certa vez tive uma experiência em que pude pôr em prática essa capacidade de ser e permanecer crítica. Na época, eu tinha um trabalho fixo e eu e os membros da minha equipe tínhamos recebido a promessa de um aumento salarial. No entanto, quando abordei minha gestora sobre isso depois de algum tempo, ela disse que não sabia de nada. Numa outra conversa com um funcionário do departamento de pessoal ela enfatizou novamente que não se lembrava de nenhuma declaração desse tipo. Outro gestor, no entanto, ficou do meu lado. Ele compartilhou um *email* que mostrava que esse aumento salarial havia sido realmente prometido.

Reuni meus três colegas e marcamos uma reunião com o RH, o CFO e o conselho da empresa. Quando chegou a hora e estávamos todos juntos, meus colegas de repente tiveram amnésia induzida por estresse e disseram que estava tudo bem com seus salários. O aumento salarial não era mais um problema. Achei que não estava ouvindo direito. Agora eu era a única pessoa em toda a reunião que insistia que havia essa promessa. É claro que era difícil continuar lutando, mas eu sentia que estava certa. Havia até um *email* que comprovava tudo.

Então, fui até o diretor administrativo e expliquei a situação a ele. "Não estou inventando isso", enfatizei com calma. "Não estou inventando isso."

Eu estava sozinha, mas eu me defendi e foi provado que eu tinha razão. No final, o gerente de RH recebeu uma advertência, os membros da minha equipe e eu recebemos o aumento de salário prometido. Finalmente.

Preciso reconhecer que isso também se deveu ao diretor administrativo, que acreditou em mim, e ao gestor que me enviou o *email* para que eu tivesse provas, embora ele tenha enfrentado problemas por causa disso.

Mas acredito que devemos tentar criar um ambiente no qual todos possam defender seus próprios direitos, no qual nos sintamos seguras e criemos segurança para que a amnésia não se instale repentinamente por medo quando "os figurões" estiverem sentados na reunião. Cada passo que damos para tentar criar um ambiente positivo como esse é importante.

Sabe aquele momento em que você não entende um termo em uma apresentação, olha em volta, todos parecem confiantes e inteligentes e você secretamente anota o termo para procurá-lo mais tarde? Nesse momento, você quer se proteger da possibilidade dos outros acharem que você é incompetente, sem instrução ou até mesmo boba.

Mas o fato de todos nós reconhecermos isso é prova suficiente de que devemos, sim, fazer aquela pergunta. Isso não só nos ajudaria, mas provavelmente também ajudaria as outras pessoas na sala. Talvez metade das pessoas que estão ouvindo também não conheça esse termo e esteja apenas fazendo de conta que está tudo bem enquanto olham para baixo da mesa. E mesmo aqueles que não tinham dúvidas podem aprender algo novo com a sua pergunta. Ou seja, todos ganham.

Esses foram exemplos do ambiente de trabalho, mas conhecemos experiências semelhantes em diversas situações da vida. Conheço muito bem a sensação de sempre ter de pensar cuidadosamente se e como posso fazer críticas nos meus relacionamentos. Durante anos fui pressionada e acabei dificultando minha vida. Mesmo quando conheci o Jake, que repetidamente deixou claro que me amava pelo que eu era, notei um comportamento estranho em mim mesma.

Um exemplo prático de nossa vida cotidiana: quando o Jake e eu estávamos concentrados em nossos computadores e eu sentia fome, sempre dava uma indireta. Eu começava a sondar se ele poderia, de repente, estar com vontade de comer algo. Em vez de simplesmente fritar um ovo mexido e perguntar se ele também queria. Por que eu estava tornando minha vida tão difícil? Por que eu estava andando sobre cascas de ovos?

Agora estou conseguindo cada vez mais seguir o caminho mais fácil e ficar comigo mesma, em vez de atender às necessidades externas. Dizem que todos os caminhos levam a Roma – eu sempre achei que tinha que passar pela China para chegar lá. Hoje tento seguir um caminho mais direto.

Se o Jake não está com fome, está tudo bem. É por isso que não preciso persegui-lo como um gato faminto e ficar sem comer. Posso comunicar minhas próprias necessidades e ainda assim permanecer flexível e tolerante. Por muito tempo pensei que essas coisas eram mutuamente exclusivas e que eu era uma pessoa particularmente boa se fosse educada e pudesse conviver com tudo. Mas não faz sentido eu me colocar no fim da fila.

Sei que isso se torna mais difícil quando se trata de algo mais do que ovos mexidos. Criticar as pessoas e dizer a elas que não aprovo seu comportamento também não é fácil para mim. É por isso que agora analiso como lido com os outros em todos os relacionamentos, sejam eles particulares ou profissionais. Para mim é importante enfatizar: "Se eu criticar um comportamento, um resultado de trabalho ou uma afirmação, estarei criticando um comportamento, um resultado de trabalho ou uma afirmação. Nada mais. Não estarei criticando sua personalidade ou seu valor como pessoa. Você é ótimo. Mesmo que a Lina o critique".

Por outro lado, também estou achando cada vez mais fácil lidar com as críticas de fora, pois isso faz parte da convivência e não deve prejudicar minha autoestima. Às vezes isso acontece, é claro. Mas então eu lido com isso em minha próxima sessão de terapia, aprendo um pouco mais sobre mim mesma e sobre meus obstáculos e posso me esforçar para fazer melhor da próxima vez.

Pergunte a si mesmo se você vive em um ambiente seguro onde pode usar seu pensamento crítico sem ser julgada por isso. Você pode falar sobre tudo em seu relacionamento? Você tem permissão para ser quem você é em sua família? Qual é a imagem que você está tentando passar? Quando foi a última vez que você criticou alguém? Como você se sente com as críticas?

Acredito que ao tratarmos uns aos outros com humanidade, criamos lugares seguros onde é possível nos libertarmos do pensamento "ou/ou" e definirmos nossa identidade como seres humanos, em vez de termos de escolher extremos.

COMO APRENDER A LIDAR COM AS CRÍTICAS

1. Verifique a fonte

Se você se sentir incomodado com uma crítica, analise a fonte da crítica como um pesquisador. Será que ele ou ela tem o conhecimento necessário para criticá-lo de forma qualificada? Será que a crítica talvez tenha mais a ver com a situação atual da outra pessoa do que com seu suposto mau comportamento? Você quer dar permissão a essa pessoa para criticá-lo?

2. Nem todo feedback é um "presente adequado"

Nem sempre recebemos as críticas de que precisamos, mas as críticas que os outros acham que precisamos. E, assim como um presente de aniversário inadequado, podemos aceitar a crítica e agradecer, mas depois decidir o que fazer com ela: você pode guardá-la para lidar com ela depois, ou jogá-la no lixo.

3. A prática leva à perfeição

As críticas geralmente surgem do nada. É por isso que faz sentido continuar praticando. Fique de frente para outra pessoa e diga o que vocês gostam um no outro. Em seguida, digam um ao outro o que gostariam que a outra pessoa mudasse. A capacidade de receber críticas – sem ser imediatamente atacado pessoalmente – pode ser treinada.

4. A tempestade purificadora

Às vezes há um conflito no grupo. Muitos ressentimentos permanecem não ditos e envenenam o ar. Nesse caso, o "elefante na sala" deve ser nomeado e abordado. Todos podem desabafar por cinco minutos e tirar tudo do peito, sem que ninguém reaja ou se defenda. Todos ouvem ativamente, nada mais. O ideal é que essa tempestade seja acompanhada por uma pessoa externa que registre as principais declarações e se certifique de que as razões sejam colocadas na mesa. Depois que tudo é dito fica mais fácil chegar a um entendimento.

5. Os críticos se tornam mentores

Quando você recebe críticas de fora, seus críticos internos também entram em ação. "Agrade a todos", "Esforce-se", "Apresse-se", "Seja forte", "Seja perfeito" e assim por diante – parece familiar? Se você conseguir observar esse efeito em si mesmo, pode intervir e dizer: "Pare! Não quero me martirizar, quero aprender!" Você pode transformar seus críticos internos em mentores:

• O crítico que lhe diz para "agradar a todos" pode se tornar o mentor que faz com que você tenha empatia e ajude os outros sem desistir de si mesmo.

• O crítico exigente que sempre lhe diz para "se apressar" torna-se o mentor que a ajuda a manter o foco e a otimizar o gerenciamento do tempo.

• Se você sofre de perfeccionismo, veja isso como um mentor que não busca metas inatingíveis, mas mostra como é bom se esforçar para obter o melhor resultado possível e aprender muito ao longo do caminho.

• Você pode transformar o crítico que lhe grita "Seja forte" em um mentor que o lembre de sua determinação, sempre tendo em vista seus valores e não as expectativas dos outros.

• E o rigoroso "esforce-se" se torna o mentor que o lembra de que você está sempre no seu melhor quando aproveita ao máximo seus recursos.

Identidade como um objeto oculto

Richard David Precht publicou o livro *Quem Sou Eu? E, Se Sou, Quantos Sou? Uma Aventura na Filosofia* em 2007.[81] Esse título do livro, que se tornou um *slogan*, ficou comigo desde então porque reflete muito bem meus pensamentos.

Não sou uma coisa ou outra, não sou do Brasil ou da Alemanha, não sou introvertida ou extrovertida. Sou um pouco de tudo, às vezes mais, às vezes menos.

Quando me perguntam sobre minha identidade, agora eu digo: "Depende". Ah, adoramos respostas claras e inequívocas como essa, não é mesmo?

Mas é assim que as coisas são: nunca haverá uma única resposta para a questão da identidade. Nem para você nem para mim. Eu tenho diferentes papéis: mentora, amiga, esposa, tia, filha, autora, palestrante. Quando estou sozinha sou diferente do que em grupos, diferente em grupos grandes do que quando me encontro com dois amigos. A minha rotina diária pode mudar imensamente meu comportamento. Como dormi? Tomei um bom café da manhã?

E minhas funções não são imutáveis. É aqui que o conceito de Carol Dweck de "mentalidade de crescimento" entra em ação novamente. Mesmo que eu ache que já descobri o que me motiva, as circunstâncias podem mudar e eu posso descobrir novos aspectos de mim mesma. Posso até tomar uma decisão consciente de mudar ou abandonar um determinado comportamento e voltar a ser um pouco diferente daqui a um ano.

As pessoas que não me veem há três anos provavelmente ficariam surpresas ao saber que não toco mais em uma gota de álcool. Sempre gostei de beber muito, era uma verdadeira festeira. Hoje ainda gosto de festas, mas sem exageros e sem ressaca. E também aprecio mais as noites tranquilas. E ainda assim continuo sendo eu.

Minha busca por *uma* identidade única fracassou. Não encontrei um projeto para minha vida, um modelo que unisse tudo o que tenho dentro de mim. Tenho muitos modelos a seguir.

Sinto-me inspirada por pessoas ...

... que combinam a realização familiar e profissional em um equilíbrio saudável,

... que falam o que pensam, se defendem e respeitam seus próprios limites,

... que corajosamente quebram tabus,

... que são confiantes e vulneráveis ao mesmo tempo,

... que defendem suas decisões e arcam com as consequências,

... que vivem seu próprio tempo e levam suas necessidades a sério,

... que transformam suas ideias em ações,

... que ousam ser elas mesmas,

... que ousaram seguir seu talento e vocação e, assim, moldar a sua vida profissional,

... que se levantam depois de uma derrota, erguem a cabeça e seguem em frente sem culpar os outros.

Há algumas pessoas impressionantes, mas ninguém vive minha vida e é por isso que não faz sentido me comparar a elas em minha totalidade.

O que encontrei foram meus valores. Não importa qual seja o meu papel, se estou empilhando blocos de montar com minha sobrinha ou falando sobre inclusão no palco, sempre carrego os mesmos valores em meu coração. Já expliquei a você, em relação ao tópico de limites, que você pode definir e proteger seus limites muito melhor se estiver ciente de seus valores e eles também são essenciais quando se trata de sua identidade. Vejo minha própria identidade como uma flor. No centro estão meus valores e, na parte externa, nas pétalas, estão as muitas manifestações desses valores.

Essa ideia não só me ajuda a reconhecer minhas próprias inconsistências, mas também a deixar de lado a classificação dos outros. Porque quando conheço uma pessoa em uma noite alegre de festa, tenho plena consciência de que só conheci um papel, uma pétala naquela noite. Quando você ler este livro, terá uma impressão de mim, mas ela nunca refletirá a minha totalidade. Quando eu lhe encontro em uma palestra e você me fala sobre seus valores, ainda não sei como você vive esses valores em sua de vida.

Não consigo categorizar as pessoas com base em uma impressão, mas continuo curiosa e gosto de ser surpreendida.

Encontre seus valores

Se ainda não estiver ciente de seus valores, faça a si mesma as seguintes perguntas:

1. Que qualidades são importantes para você em outras pessoas?

2. O que é mais importante para você em sua vida?

3. O que é "inegociável" para você?

4. O que é uma "boa pessoa" para você? O que a caracteriza?

Anote as respostas e examine-as cuidadosamente. Tenho certeza de que você perceberá quais valores emergem.

Há também várias listas de valores ou testes na internet onde você pode descobrir seus valores essenciais usando vários métodos. Teste a si mesma – isso a deixará cada vez mais próxima de seus valores pessoais.[82]

O quadrado de valores do psicólogo da comunicação Friedemann Schulz von Thun também é útil na busca de seus próprios valores.[83] Ele afirma que todo valor está em uma relação de tensão positiva com seu valor oposto – a coragem, por exemplo, com a cautela. Se você exagerar na coragem, poderá cair na imprudência. Se exagerar na cautela, poderá cair na covardia.

Se houver um excesso, então deverá, na diagonal, compensar com o valor contrário.

Profundolhar • 165

Portanto, se você foi corajosa demais e chegou na imprudência, deverá agir com mais cautela daqui para frente.

Se você foi cautelosa demais e caiu na covardia, tome decisões mais corajosas.

Essa oscilação no quadrado de valores é completamente normal e humana – e mostra como nossa orientação de valores está sujeita a flutuações. Já mencionei que estamos em montanhas-russas?

Aceitação e mudança

Estou lhe dizendo: só o processo de escrever este livro já mexeu muito comigo. Eu vacilei e duvidei, trabalhei em sessões de mentoria onde discuti quais *trolls* mágicos se tornaram ativos novamente e o que é realmente importante para mim. Entendi que aceitação e mudança não são contradições.

"O curioso paradoxo é que quando eu me aceito como sou, eu mudo."[84] O Dr. Leon Windscheid termina seu livro *Feel Better* com essa citação do psicólogo e terapeuta americano Carl Rogers – e para mim esse é o pensamento decisivo quando se trata de desenvolvimento pessoal. Não é "Eu me amo do jeito que sou e quero continuar assim para sempre", mas também não é "Eu sou um idiota e preciso urgentemente mudar meu jeito de ser". Tenho permissão para ser e me sentir ambivalente, tenho permissão para ficar com raiva e amar ao mesmo tempo. E você também pode fazer isso.

Talvez você culpe seus pais pelas coisas, mas ainda assim os ama.

Talvez você saiba que o quarto pedaço de chocolate não é mais saudável, mas você o come mesmo assim.

Talvez você esteja lutando por um clima melhor, mas ainda assim sai de férias de avião com frequência.

As chamadas dissonâncias cognitivas fazem parte da vida. Você não conseguirá resolvê-las. "Ser contraditório significa ser humano. E vice-versa", resume Atze Schröder no *podcast* "Betreutes Fühlen". [85]

Desenvolvemos uma personalidade ao longo dos anos, mas às vezes fazemos coisas que a contradizem completamente e é isso que eu amo tanto no ser humano. Essa abertura. Essa fragilidade. Essa dissonância. Nunca nos encaixamos perfeitamente, nunca estamos acabados, nunca podemos ser categorizados. E se aceitarmos isso, se identificarmos e abraçarmos as contradições, então mudaremos de forma totalmente automática. Não necessariamente em uma direção ou outra dentro da contradição específica, mas em nosso ser, porque desenvolveremos uma perspectiva diferente sobre o mundo e as pessoas ao nosso redor e poderemos tolerar melhor essa dissonância em nós mesmos e em nosso ambiente.

Isso é exatamente o que corresponde a nossa "mentalidade de crescimento". Estamos constantemente aprendendo e crescendo com nossas experiências. Os jovens inseguros podem se tornar adultos autoconfiantes que se apresentam em grandes palcos.

Os viciados em festas, como eu, podem se tornar mentores que escrevem livros, não tocam em uma gota de álcool e meditam.

Podemos redescobrir o mundo várias vezes, estar acordados e ver a magia. Quando paramos de nos maravilhar, começamos a ficar entorpecidas.

Albert Einstein teria dito: "Há duas maneiras de viver sua vida: como se nada fosse um milagre ou como se tudo fosse um milagre". Não sei se essa citação, que pode ser encontrada em vários sites, foi transmitida corretamente, mas certamente é linda. É maravilhoso redescobrir o mundo todos os dias, redescobrir a si mesma e se perguntar: O que estou aprendendo hoje?

Tenho uma amiga que tem um filho de cinco anos. Ela me contou que eles tiveram um dia ruim – muitas coisas deram errado, houve muita discussão, ela saiu dos trilhos e começou a duvidar de sua capacidade como mãe. À noite, exausta, ela se sentou ao lado do filho no sofá e colocou o braço em volta dele para tentar criar uma atmosfera mais conciliatória.

"Ufa!", suspirou ela, "hoje foi um dia muito louco, não foi?"

"Sim, mamãe", disse o filho, sorrindo e encolhendo os ombros. "Mas aprendemos muito de novo."

Quando ela me contou sobre essa frase, lágrimas vieram aos seus olhos e ela disse baixinho: "Acho que não fiz tudo errado, afinal".

Nós nos encontramos como seres humanos

Dissonantes ou não, todos nós temos uma coisa em comum: sermos humanos. Nesse aspecto, somos todos iguais. Quando cortamos nosso dedo, o sangue fica vermelho. Precisamos de oxigênio para sobreviver, precisamos comer, beber e dormir. E todos nós precisamos de relacionamentos, todos nós queremos pertencer. Sim, o mundo é complexo. O cérebro humano é complexo, mas a base, o ser humano em si, não é tão difícil. Tudo o que percebemos são camadas e filtros de nossa identidade que sobrepusemos ao fato de sermos humanos, porque, por mais que sejamos diferentes, nossa base é a mesma. Esse pensamento sempre me dá uma atitude amorosa em relação a mim mesma e aos outros. Até mesmo a mulher de negócios durona e bem-sucedida precisa se deitar e dormir em algum momento.

Mas é claro que nosso cérebro é um sistema de filtros que categoriza as coisas automaticamente. É por isso que você pode reagir calmamente a uma sirene alta, encostar o carro e abrir caminho em vez de entrar em pânico para saber de onde esse barulho está vindo e o que significa. Você desenvolveu um padrão. Seu cérebro ativa imediatamente esse padrão quando ouve uma sirene e sabe o que fazer. Somente quando você percebe que ninguém mais está encostando e que nenhuma ambulância está se aproximando é que você percebe que a sirene veio do iPad do seu filho, que está assistindo a um vídeo do corpo de bombeiros. É necessário um mau funcionamento do sistema para questionar seu padrão.

Portanto, sempre tento criar espaço para esses distúrbios e pensar conscientemente sobre eles. Por exemplo, posso conhecer alguém que tem muitos filhos ou alguém que decidiu não ter filhos. Posso tirar algumas conclusões, mas existem grandes chances que eu esteja errada, pois eu não saberei seus motivos nem como elas se sentem em relação à maternidade.

É incrivelmente empolgante embarcar em uma jornada de descobertas e questionar todas as suposições automáticas de nosso cérebro. Afinal de contas, nossas percepções, emoções e suposições são influenciadas por tantas coisas que raramente podemos classificá-las como verdades objetivas.

Ok, você deve estar se perguntando como isso deve funcionar, examinando tudo constantemente – parece um grande compromisso de tempo e um grande desafio cognitivo. Em outras palavras, parece impossível. E você está absolutamente certo. Se você tem um cérebro, você tem vieses. Ninguém pode se livrar completamente deles.

Mas pense quais pessoas você quer conhecer, quem realmente merece sua atenção e seu tempo; suas moedas mais valiosas. Olhe ao seu redor em sua vida. Dê atenção às pessoas que você ama, às pessoas que você encontra todos os dias. Seus colegas, seus amigos, sua família, às pessoas que você gosta na vizinhança. Faça mais perguntas às pessoas que são importantes para você.

Já aconteceu de eu fazer suposições erradas sobre algumas pessoas. Não há problema em cometer erros se os admitirmos. Na maioria das vezes não é tão ruim assim, muitas discussões só surgem quando as pessoas insistem em seu "direito" e não querem admitir que estão erradas. Isso é uma pena. Afinal de contas, todos nós temos cérebros que tentam fazer previsões e categorizações, portanto, é normal que cometamos erros. Vamos conversar sobre isso e descobrir nossa diversidade juntos, a fim de tornar nossos padrões de pensamento mais diversificados.

Se estivéssemos abertos às pessoas com as quais temos interações reais, já teríamos ganhado muito.

Para que isso funcione, precisamos de confiança. Porque não posso ser aberta com você se presumir que você só quer me usar para seu próprio benefício. Se eu fizer suposições e percebê-las, poderei compartilhá-las com você e conversar sobre elas. Talvez as suposições estejam corretas, talvez não. Mas só poderemos estabelecer uma base imparcial se trocarmos ideias.

É útil saber que estamos pré-categorizando. Todos nós em algum momento podemos nos enganar e perceberemos que nossas suposições não faziam sentido. Neste caso, a solução não é não dizer nada, mas lidar com isso honestamente quando e, então, aprender uns com os outros.

Por exemplo, aquela história que relatei sobre a atendente que que invés de responder à minha pergunta disse para olhar o cardápio.

Em vez de condená-la eu educadamente a informei sobre a minha condição.

Outros poderiam ter gritado com ela. E sim, é legítimo se sentir magoado em certos casos.

Mas nem todas as pessoas são inerentemente más e têm más intenções. Não há problema em comunicar sua vulnerabilidade sem atacar a outra pessoa e pensar imediatamente o pior dela. No final, todos se beneficiam quando tratamos uns aos outros de forma mais benevolente, honesta e orientada para a solução.

6

A inclusão é um direito fundamental de todas as pessoas, não um privilégio das minorias

Queremos pertencer. Queremos ser amados e valorizados, precisamos de outras pessoas ao nosso redor com quem possamos nos socializar. "Metade de mim são outras pessoas", diz o neurocientista Eagleman. "Seu cérebro precisa de outras pessoas. Para funcionar normalmente, ele precisa de um ambiente social. Nossas células cerebrais dependem das células cerebrais de outras pessoas para sobreviver e prosperar."[86]

Portanto, é normal buscar reconhecimento externo, na verdade, isso é importante para a saúde do nosso cérebro.

Mas o problema é que sempre percebemos nosso ambiente com nossas próprias lentes. Nosso cérebro não apenas precisa de outras pessoas, mas também cria constantemente previsões e suposições. Nos últimos anos, eu me tornei uma verdadeira *nerd* da neurociência e passei muito tempo estudando o funcionamento desse órgão tão interessante, principalmente para entender melhor minha doença, porque, embora minha visão residual seja de apenas quatro por cento e não haja melhora na visão, tenho a sensação de que estou enxergando melhor a cada ano. Essa melhora se deve ao superpoder de meu cérebro que amplifica os outros sentidos e cria conceitos por meio da experiência. Nós vemos nossa experiência da realidade e isso exige muito mais do que olhos saudáveis.

No contexto da visão, David Eagleman explica que o cérebro cria uma realidade antes mesmo do processo físico real de ver, que é então simplesmente comparado com os dados visuais. Quando você olha para trás, seu cérebro já tem uma boa ideia do que verá. Quando você realmente se vira, ele simplesmente corrige essa ideia. Na verdade, ele apenas corrige o "erro" na suposição de que você nunca conseguirá olhar ao redor sem uma expectativa prévia. A imagem em sua cabeça é criada antes que você a veja.

Muito surpreendente, não é? É por isso que consigo "enxergar" melhor do que dizem as medições na clínica oftalmológica.

E a constatação ainda mais gritante: não se trata apenas de ver. Nosso cérebro não apenas cria nossa realidade visual, mas toda a nossa realidade.

"A maior parte de sua vida acontece em um mundo inventado", diz a neurocientista Lisa Feldman Barrett em seu livro *Sete lições e meia sobre o cérebro*.[87] Nomes de ruas, vilas e cidades, fronteiras nacionais, leis, pedaços de papel que chamamos de dinheiro, moedas digitais que fluem e nos dão o direito de levar bens conosco ou morar em apartamentos, letras que lemos como palavras – tudo isso é um mundo inventado que não tem nada a ver com o mundo material. Feldman Barrett chama isso de realidade social. Essa realidade social está intimamente ligada à realidade material – é por isso que o "café gourmet" tem um sabor melhor do que o café sem selo; é por isso que encontramos o CEO de uma empresa de forma diferente de um vendedor em uma loja de departamentos; é por isso que os placebos funcionam. Nunca podemos escapar da realidade social.

Até mesmo a categorização de nosso próprio corpo é determinada por eles. Vejamos a sensação de estômago enjoado, uma leve náusea. Isso pode ser causado por:

- Nervosismo antes de uma apresentação

- Uma premonição incômoda de que uma pessoa não tem boas intenções com você

- Uma paixão incipiente que nos faz sentir um bando de borboletas no estômago

- Uma infecção gastrointestinal

- Pressão arterial baixa ou uma doença

- Medicamentos

- Gravidez

- Fadiga

- Escassez de comida

- Excesso de comida

É absurdo que a mesma sensação possa ser classificada de forma tão diferente, dependendo da situação da vida, e desencadear emoções tão diferentes. Em seu livro, Lisa Feldman Barrett fala sobre um encontro em que ela interpretou um desconforto no estômago como interesse no homem, mas logo depois passou mal e ficou de cama com gripe. Foi um "erro de atribuição" do cérebro. Se ela tivesse experimentado a mesma sensação em casa e não durante um encontro, o pensamento "Estou interessada neste homem" não teria surgido, mas sim "Ah, não! Estou ficando doente", porque nossa realidade social sempre influencia nossa percepção da realidade material.

E essa é uma importante capacidade que caracteriza os seres humanos e torna possível a vida que levamos com essa realidade social. Dê uma olhada ao redor e veja o que descobrimos. Nossos cérebros são incrivelmente fascinantes.

Mas perceber essa capacidade também a leva a questionar certas "verdades". Porque se você sabe que quase todas as verdades são construídas em sua cabeça – até mesmo as impressões sensoriais e as emoções – então você pode vê-las com um certo grau de ceticismo e, às vezes, ganhar uma distância saudável em vez de se deixar dominar.

Voltemos ao fato de que nosso cérebro precisa de outras pessoas para funcionar. Também temos conceitos sobre essas outras pessoas em nossas cabeças, as categorizamos, percebemos suas ações e declarações de uma forma ou de outra, moldadas por nossas experiências e pelas suposições e expectativas resultantes (que comunicamos muito raramente). Portanto, mal-entendidos e conflitos são inevitáveis. No entanto, se continuarmos nos lembrando de que temos esses conceitos em nossas cabeças e criamos nossa própria realidade, podemos tentar rompê-los.

Conhecer uns aos outros com mais humanidade também significa reconhecer: eu sei que nada sei. Sócrates tinha o hábito de 'importunar' as pessoas com perguntas até que elas não tivessem mais certeza de suas verdades.

"Antes, você achava que sabia, mas não sabia nada. E agora você reconheceu sua ignorância por si mesmo. E reconhecer o que você não sabe é o primeiro passo para realmente fazer perguntas."[88]

Não quero me aprofundar muito em neurociência e filosofia aqui. Mas o que eu gostaria de lhe dizer é: não acredite em tudo o que você pensa. Seu cérebro lhe vende muitos conceitos como verdades que não são verdades de forma alguma.

Converse com as pessoas, abra-se e conecte-se. Estabeleça uma conexão real. Seja autêntico. Autêntico no sentido de Brené Brown, para que você possa deixar de lado quem você acha que tem que ser e ser quem você realmente é.[89] Perceba que as expectativas externas também são construções do seu cérebro e que você só pode realmente descobrir o que as outras pessoas querem em uma troca. Você provavelmente não encontrará ninguém que espere perfeição e comportamento autossabotador. Não é o fim do mundo ter falhas (e é uma questão de definir o que são falhas, em primeiro lugar). Cada uma de nós tem muitas partes de si mesma que não são muito atraentes à primeira vista, mas que podemos analisar e aceitar. Somente aceitando a nós mesmas poderemos fazer parte de uma sociedade inclusiva.

Meu desejo é que nos encontremos com muito mais frequência, cheias de curiosidade e respeito, compartilhemos nossas realidades umas com as outras e aprendamos a nos comunicar melhor.

Quando leio *O Pequeno Príncipe* hoje, que foi publicado em 1943, às vezes penso comigo mesma: "Será que o Sr. Saint-Exupéry era clarividente?" Há pessoas em diferentes planetas, presas em sua falta de sentido, vivendo sozinhas e solitárias no espaço. Às vezes parece que muitas pessoas aqui na Terra também estão em seu próprio planeta. Elas não falam com ninguém sobre suas verdadeiras emoções, não assumem a responsabilidade por seus próprios pensamentos e ações, não questionam. Mas essas são exatamente as coisas que eu tanto quero fazer e que as outras pessoas façam.

É suficiente darmos o melhor de nós todos os dias, mesmo que às vezes isso não seja muito. Há dias ruins e dias bons. Você não precisa ser perfeita, pode cair em velhos padrões, pode se presentear com dias de maratona em série. Mas levante-se todos os dias e tente de novo tornar o mundo um lugar melhor. É isso que eu faço. E não é cansativo, é muito, muito bom. Dance. Beije. Coma. Ria. Corra. Fique parado. Deite-se. Esta vida é tão legal!O fato é que, na verdade, estamos falando muito mais sobre tudo isso do que antes. Já mencionei os perseguidores de propósito, as perguntas sobre a busca de significado e identidade. Mas, no momento, essas questões geralmente estão centradas nos indivíduos. Seja seu líder, sua esposa ou o guru famoso com quem você ficou em um retiro – essas pessoas deveriam ser tudo. Conselheiros, mentores, melhores amigos, terapeutas.

Existe muita pressão sobre as pessoas individualmente. Para evitar isso, podemos pensar em termos de comunidade. Há um ditado que diz: "É preciso uma aldeia inteira para criar uma criança". Isso se aplica não apenas à criação de filhos, mas a toda a nossa existência.

Em nossa sociedade individualista infelizmente nos desviamos do caminho e procuramos pessoas que realizem tudo, que supostamente sejam perfeitas em todos os aspectos. E se um indivíduo nos decepciona, ele é cancelado. Se for você mesmo, então você se deprecia porque não consegue fazer nada certo.

Gostaria de lembrá-los mais uma vez da corrida competitiva que é frequentemente usada para chamar a atenção à inclusão. Isso não funciona. Somos animais de rebanho. Muitos unicórnios engraçados, coloridos, cintilantes e criaturas maravilhosas, todos com sua própria realidade construída em suas cabeças e que precisam uns dos outros.

É importante que todos contribuam para uma sociedade inclusiva. Devemos cuidar das pessoas ao nosso redor e nos responsabilizarmos uns pelos outros, assim como fazemos por nós mesmos. Corridas de revezamento em vez de competições. Ou um piquenique no centro da quadra de esportes, o que pode ser ainda melhor.

O Pequeno Príncipe diz:

> A gente *só conhece* bem as coisas que cativou. [...] As pessoas *não têm mais tempo* de conhecer coisa alguma. Compram tudo já pronto nas lojas. Mas como não existem lojas de amigos, as pessoas *não têm mais amigos.*

Já é hora de investirmos em amizades e conversas, em relacionamentos e em coisas. Temos permissão para reorganizar nossas prioridades.

Nos últimos anos, aprendi que quero tomar uma decisão sincera para minha vida todos os dias. Quero ser curiosa, reservar tempo para as pessoas que significam muito para mim, aprender coisas novas, mudar, olhar e viver conscientemente. Não quero mais me sentir pequena em comparação com os outros, mas, sim, valorizar minha individualidade. Porque todas nós somos únicas e valiosas. Há muito em nós. Em você, em mim, em todas as pessoas ao nosso redor.

O Pequeno Príncipe tem uma rosa em seu pequeno planeta e, a princípio, fica desapontado quando percebe que há milhares e milhares de outras rosas na Terra. Mas então ele percebe que sua rosa ainda é única. Ele dedicou tempo a ela. Ela lhe é familiar, ele a regou e a protegeu do vento, ele a ouviu e conversou com ela. Não se trata de comparação com os outros, não se trata de competição, não se trata de quantidade. Trata-se de um relacionamento que só pode se desenvolver quando dedicamos tempo e nos conectamos. Isso nos torna únicos.

Só assim poderemos nos ver e ver os outros, de forma profunda, com o coração.

Pensei em como é desagradável ficar trancado do lado de fora; e pensei em como é pior, talvez, ficar trancado do lado de dentro.

– Virginia Woolf

Notas

1 Wikipedia.de: Authentizität. URL: https://de.wikipedia.org/wiki/Authentizit%C3%A4t (em 09/04/2023)

2 Demuth, Volker em Deutschlandfunk.de: Der Hype um die Authentizität (02/05/2023). URL: https://www.deutschlandfunk.de/der-hype-um-die-authentizitaet-100.html (em 09/04/2023).

3 Spektrum.de: Authentizität. URL: https://www.spektrum.de/lexikon/psychologie/authenti-zitaet/1771 (em 09/04/2023)

4 Brené Brown: Die Gaben der Unvollkommenheit, Bielefeld: Kamphausen Media GmbH, 9ª edição, 2021, p. 92.

5 Ibid, p. 93.

6 Regra 18-40-60. https://www.instagram.com/p/CPuUFBQgT-Y/?hl=de (em 04/09/2023)

7 Workday: Pesquisa global sobre diversidade realizada pela Workday mostra: Os orçamentos para iniciativas de D&I nas organizações estão aumentando, mas a implementação estratégica está vacilando devido à falta de dados (em 16.11.2022). URL: https://de-de.newsroom.workday.com/2022-11-16-Globale-Diversity-Umfrage-von-Workday-zeigt-Budgets-fuer-D--I-Initiativen-in-Organisationen-steigen,-doch-die-strategische-Umsetzung-stockt-aufgrund--fehlender-Daten (em 10/11/2023)

8 Schröder, Atze e Dr. Windscheid, Leon (27.08.2023): Warum will ich von allen gemocht warden? Com Matze Hielscher (podcast). Em: Supervised feeling. URL: https://open.spotify.com/episode/3re7hoCJZGvFak0cMOleUI?si=g2fH8QSYQpKFrnSi3v9Pcw (em 04/09/2023)

9 Dr. Mort, Sophie: Anleitung für dein Leben, Munique: Penguin Random House, 2022, p. 248.

10 Bock, Petra: Der entstörte Mensch- Wie wir uns und die Welt verändern - Warum wir nach dem technischen jetzt den menschlichen Fortschritt brauchen, Munique: Droemer Knaur, 2020, p. 107.

11 Ibid, p. 112.

12 Ibid., p. 113 e seguintes e p. 123 e seguintes.

13 Ibid, p. 121.

14 "Sparkassen Werbung: Mein Haus, mein Auto, mein Boot (em 13.03.2018). URL: https://www.youtube.com/watch?v=DbqcRG-CT30

15 Cf. também no seguinte: Eagleman, David: The Brain. The Story of You, Munique: Pantheon Verlag, 2017, p. 153 f.

16 A "eussocialidade", na verdade, refere-se ao comportamento social do reino animal, no qual as espécies animais vivem juntas em um grupo. No comportamento humano, ela se refere ao comportamento altruísta, especialmente orientado para a comunidade.

17 Ibid, p. 155.

18 Digital 2023 URL: https://wearesocial.com/de/blog/2023/02/digital-2023-fast-einen-tag--pro-monat-verbringen-die-deutschen-auf-tiktok/ (em 29/08/2023)

19 Cf. Quarks: Darum vergleichen wir uns mit anderen Menschen (em 14 de junho de 2021) URL:https://www.quarks.de/gesellschaft/psychologie/darum-vergleichen-wir-uns-mit-anderen-menschen/ (em 21/06/2023)

20 Cf. aqui e abaixo: Dr. Amen, Daniel G.: Happy Brain Happy You. Wie Glück das Gehirn gesund hält und den Körper vor Krankheiten schützt, Munique: riva Verlag, 2023, p. 266 e seguintes.

21 Brené Brown: Die Gaben der Unvollkommenheit, Bielefeld: Kamphausen Media GmbH, 9ª edição, 2021.

22 Honert, Moritz: Neid im Netzwerk: Macht Facebook unglücklich? (em 27.11.2012). URL: https://www.tagesspiegel.de/gesellschaft/medien-_-ki/macht-facebook-unglucklich-6380518.html (em 21/06/2023)

23 Leßmann, Max Richard- Liebe in Zeiten der Follower: Gedichte- Kiepenheuer & Witsch, 2022, p. 20.

24 Kross, Ethan: Chatter -Die Stimme in deinem Kopf, Munique: btb Verlag, 2022, p. 7.

25 Brown, Brené: Die Gaben der Unvollkommenheit, Bielefeld: Kamphausen Media GmbH, 9ª edição, 2021, p. 198.

26 Cf. no seguinte: Dr. Mort, Sophie: Anleitung für dein Leben, Munique: Penguin Random House, 2022, p. 333 e seguintes.

27 Cf. nos seguintes: Kross, Ethan: Chatter -Die Stimme in deinem Kopf, Munique: btb Verlag, 2022, p. 261 e segs. e Dr. Mort, Sophie: Anleitung für dein Leben, Munique: Penguin Random House, 2022, p. 344.

28 Kross, Ethan: Chatter - Die Stimme in deinem Kopf, Munique: btb Verlag, 2022, p. 97 e seguintes.

29 Cf. aqui e abaixo: TEDx Talks:Preparing in advance helps you to survive a personal crisis, Carolin Runnquist, TEDxStockholm. URL: https://www.youtube.com/watch?v=M5Y0tX-l9HmQ (em 13/09/2023)

30 Ibid, a partir do minuto 7:33.

31 Dr. Möller, Christian: Das Leben wird vorwärts gelebt und rückwärts verstanden (em 22.05.2019). URL: https://pfarrerblatt.de/prof-dr-christian-moeller/das-leben-wird-vorwaerts-gelebt-und-rueckwaerts-verstanden/ (em 14/07/2023)

32 Cf. Bock, Petra: Der entstörte Mensch, Munique: Droemer Knaur, 2020, p. 107 e seguintes.

33 AOK: Burnout: Wie merke ich, dass ich betroffen bin?(em 11.01.2023) URL: https://www.aok.de/pk/magazin/koerper-psyche/psychologie/burnout-so-merken-sie-ob-sie-betroffen--sind/ (em 30/08/2023)

34 Ibid.

35 Brendon.com no YouTube: How to Deal with Disappointment(em 05/04/2014) URL: https://www.youtube.com/watch?v=6ygbEd-7GFg

36 Consulte Eagleman, David: The Brain. Die Geschichte von dir, Munique: Pantheon Verlag, 2017, p. 150 e seguintes.

37 Brown, Brené: Entdecke deine innere Stärke: Wahre Heimat in dir selbst und Verbundenheit mit anderen finden, Munique: Kailash Verlag, 2018, p. 50.

38 Cf. encyclopaedia of psychology: Shadows. URL: https://www.spektrum.de/lexikon/psychologie/schatten/13403 (em 03.07.2023)

39 Cf. Wolynn, Mark: Dieser Schmerz ist nicht meiner: Wie wir uns mit dem seelischen Erbe unserer Familie aussöhnen, Munique: Kösel Verlag, 2022. ou: Süddeutsche: Traumatische Erlebnisse prägen das Erbgut. URL: https://www.sueddeutsche.de/gesundheit/genetik-traumatische-erlebnisse-praegen-das-erbgut-1.1936886 (em 13/09/2023).

40 Cf. Dr. Mort, Sophie: Anleitung für dein Leben, Munique: Penguin Random House, 2022, p. 160.

41 Consulte Brown, Brené: Die Gaben der Unvollkommenheit , Bielefeld:Kamphausen Media GmbH, 9ª edição, 2021.

42 Cf. no seguinte: Dr. Windscheid, Leon: Besser Fühlen (2021). Hamburgo: Rowohlt Verlag, 15ª edição, 2023.

43 Ibid, p. 162.

44 Dr. Amen, Daniel G.: Happy Brain Happy You. Wie Glück das Gehirn gesund hält und den Körper vor Krankheiten schützt, Munique: riva Verlag, 2023, p. 264.

45 Feldman Barrett, Lisa: Your mood influences what you see & hear URL: https://www.youtube.com/watch?v=-1mc9xOhGXw (em 14/09/2023).

46 Cf. aqui e abaixo: TEDx Talks: Cultivating Wisdom: The Power Of Mood Lisa Feldman Barrett | TEDxCambridge. URL: https://www.youtube.com/watch?v=ZYAEh3T5a80 (em 14/09/2023)

47 Cf. Dr. Mort, Sophie: Anleitung für dein Leben, Munique: Penguin Random House, 2022, p. 283 e seguintes.

48 Schröder, Atze: Blauäugig. Hamburgo: Edel Books, 2023, p. 11.

49 Cf. Handelsblatt; Kontio, Carina: " Die Behinderung und ich sind inzwischen Best Buddies geworden" (12 de junho de 2019). URL: https://www.handelsblatt.com/karriere/the_shift/lina-maria-kotschedoff-im-mindshift-podcast-die-behinderung-und-ich-sind-inzwischen-best-buddies-geworden/24443768.html (em 07/08/2023)

50 Twitter: https://twitter.com/simonsinek/status/1506697288818774019?lang=de (em 08.07.2023)

51 Consulte TK; Frobeen, Anne: Wie Gehirn und Hormone die Stressreaktion steuern(em28.02.2023). URL: https://www.tk.de/techniker/magazin/life-balance/stress-bewaeltigen/gehirn-hormone-stress-2006900 (em 14/07/2023)

52 Dweck, Carol: Selbstbild: Wie unser Denken Erfolge oder Niederlagen bewirkt, Munique: Piper Verlag, 5ª edição, 2021.

53 Ibid, p. 18.

54 Sex and the City, temporada 4, episódio 2, cena disponível on-line, URL: https://www.youtube.com/watch?v=mDOdrcV5dfs (em 11.07.2023)

55 Schwanz, Kathrin: Circle of Influence — Energie und Kapazität für das eigene Wirken finden(em 07.05.2020). URL: https://medium.com/das-rehbock/circle-of-influence-energie-und-kapazit%C3%A4t-f%C3%BCr-das-eigene-wirken-finden-14aca3dad09c (em 12/06/2023)

56 von Kürthy, Ildikó (Moderadora): Mit Sabine Asgodom dem glück hartnäckig auf der spur bleiben (09.07.2023. Em: Frauenstimmen podcast), 38:24-38:31. URL: https://open.spotify.com/episode/7hCINyy8a3r1au40SugFqD?si=OPZJO1lqTPyhrs14tCVr0w (em 14/07/2023).

57 Ibid, 39:16-39:27.

58 Cf. aqui e nos seguintes: Bock, Petra: MINDFUCK. Das Coaching, Munique: Knaur, 2013, p. 84 e seguintes.

59 Consulte Feldman Barrett, Lisa: Wie Gefühle entstehen: Eine neue Sicht auf unsere Emotionen (2023). Hamburgo: Rowohlt, et al. p. 508 ff.

60 Dr. Amen, Daniel G.: Happy Brain Happy You. Wie Glück das Gehirn gesund hält und den Körper vor Krankheiten schützt, Munique: riva Verlag, 2023, p. 272.

61 Dr. Amen, Daniel G.: Happy Brain Happy You. Wie Glück das Gehirn gesund hält und den Körper vor Krankheiten schützt, Munique: riva Verlag, 2023, p. 189 e seguintes.

62 Ibid, p. 219.

63 NDR: Psychosomatische Symptome und ihre Behandlung (em 04/03/2023). URL: https://www.ndr.de/ratgeber/gesundheit/Psychosomatische-Symptome-und-ihre-Behandlung,psyche120.html (em 27/07/2023)

64 Veja TED: Simon Sinek: Como grandes líderes inspiram a ação. URL: https://www.youtube.com/watch?v=qp0HIF3SfI4 (em 15/09/2023)

65 Dr. Mort, Sophie: Anleitung für dein Leben, Munique: Penguin Random House, 2022, p. 468.

66 Ibid, p. 470.

67 Strelecky, John: Big Five for Life Munique: dtv, 24ª edição, 2018.

68 Cf. entre outros: Entrepreneur University: Big Five for Life - John Strelecky - The Founder Summit 2019 (em 16/10/2019). URL: https://www.youtube.com/watch?v=7XAjztm6BxA (em 18/09/2023)

69 Huffington, Arianna: Como obter sucesso? Durma mais! (em 15/10/2014) URL: https://www.ted.com/talks/arianna_huffington_how_to_succeed_get_more_sleep?language=de (em 26/07/2023)

70 Dr. Mort, Sophie: Anleitung für dein Leben, Munique: Penguin Random House, 2022, p. 353.

71 Grant, Adam: Você é um doador ou um aproveitador? (03 JAN 2017) URL: https://www.ted.com/talks/adam_grant_are_you_a_giver_or_a_taker?language=de&subtitle=de, 12:28-12:39. (em 26/01/2023)

72 Consulte o Ministério Federal para Assuntos Familiares, Cidadãos Idosos, Mulheres e Jovens: Gelebte Vielfalt: Familien mit Migrationshintergrund in Deutschland. URL: https://www.bmfsfj.de/resource/blob/116880/83c02ec19dbea15014d7868048f697f2/gelebte-vielfalt--familien-mit-migrationshintergrund-in-deutschland-data.pdf (em 01/08/2023)

73 Cf. Crossculture academy: Besondere Stärken und Bedürfnisse von Third Culture Kids. URL: https://crossculture-academy.com/besondere-staerken-und-beduerfnisse-von-third-culture--kids/ (em 01/08/2023)

74 Consulte Dweck, Carol: Selbstbild: Wie unser Denken Erfolge oder Niederlagen bewirkt, Munique: Piper Verlag, 5ª edição, 2021.

75 Brown, Brené: Braving the Wilderness, Munique: Kailash Verlag, 2018, p. 105.

76 Aqui e no seguinte: Ibid., p. 106 f.

77 Razavi, Reza: Die Magie der Transformation - Wie wir Zukunft in Wirtschaft und Gesellschaft gemeinsam gestalten: Haufe Fachbuch, Freiburg: Haufe-Lexware, 2022, p. 181.

78 Eagleman, David: The Brain. The Story of You, Munique: Pantheon Verlag, 2017, p. 159.

Profundolhar • 187

79 Ibid.

80 TEDx Talks: Building a psychologically safe workplace | Amy Edmondson | TEDxHGSE (05/05/2014). URL: https://www.youtube.com/watch?v=LhoLuui9gX8 (em 28/07/2023)

81 Precht, Richard David: Wer bin ich - und wenn ja wie viele: Eine philosophische Reise, Munique: Goldmann, 2007.

82 Por exemplo, de "Ein Guter Plan", URL: https://einguterplan.de/werte-test (em 18/09/2023).

83 Veja aqui e abaixo: Tell Me Why: Explained: Values Square / Development Square | Schulz von Thun | Abi Knowledge with Examples. URL: https://www.youtube.com/watch?v=RP-DxoERvNgo&t=3s (em 18/09/2023)

84 Dr. Windscheid, Leon: Besser fühlen: Eine Reise zur Gelassenheit (2021). Hamburgo: Rowohlt Verlag, 15ª edição, 2023, p. 237.

85 Schröder, Atze e Dr. Windscheid, Leon "Betreutes Fühlen" (podcast): Veränderung durch Akzeptanz 55:32-55:37. URL: https://open.spotify.com/show/4D57AH2sDPaIuqpMqfrn-Ze (em 21/07/2023)

86 Eagleman, David: The Brain., Munique: PanthDie Geschichte von dir eon Verlag, 2017, p. 139 f.

87 Feldman Barrett, Lisa: Siebeneinhalb Lektionen über das Gehirn, Hamburgo: Rowohlt Taschenbuch Verlag, 2023, p. 132.

88 NDR Info: Wer sagte: "Ich weiß, dass ich nichts weiß"? (Contribuição de áudio) URL: https://www.ndr.de/nachrichten/info/Wer-sagte-Ich-weiss-dass-ich-nichts-weiss,audio51689.html, minuto 1:14-1:28. (Em 01/08/2023)

89 Consulte Brené Brown: Die Gaben der Unvollkommenheit, Bielefeld: Kamphausen Media GmbH, 9ª edição, 2021, p. 92.

Copyright © 2025 Lina Maria Pietras

Todos os direitos reservados. Este livro não pode ser reproduzido no todo ou em parte, armazenado em um sistema de recuperação ou transmitido de nenhuma forma ou por nenhum meio eletrônico, mecânico ou outro sem a permissão por escrito da editora, exceto por um revisor, que pode citar breves passagens em uma revisão.

O material neste livro é destinado apenas para fins educacionais. Nenhuma garantia expressa ou implícita quanto aos efeitos do uso das recomendações pode ser dada, nem responsabilidade assumida.

ISBN 978-65-89138-80-8

www.bambualeditora.com.br
conexao@bambualeditora.com.br

A ESSÊNCIA DA BAMBUAL EDITORA

Pulsa em cada pessoa algo que diz que é preciso ser diferente. É preciso fazer diferente.

A rapidez com a qual as inúmeras transformações estão acontecendo em todo o planeta traz dúvidas sobre quais decisões devem ser tomadas, insegurança quanto às informações que circulam e medo, muito medo do futuro. A ameaça de colapso global, a falta de confiança nas instituições e nas pessoas, as decisões unilaterais sem visão sistêmica: tudo isto traz angústia e retraimento.

É necessário refletir mais, conhecer soluções possíveis e reais, experimentar o diferente, descobrir e desenvolver as próprias potências, se transformar progressivamente e reconstruir a capacidade em confiar para se sentir pleno.

Em sua maioria, as pessoas já não dizem somente que irão agir com bondade: elas estão, efetivamente, fazendo algo bom entre si. A transição global emerge das ações e escolhas de cada um.

Inspirada nas principais características do bambu – profundo, forte, flexível – a Bambual Editora oferece possibilidades para que seu público perceba, com mais profundidade e consciência, a si e o mundo ao seu redor.

Queremos ser a ponte para o conhecimento inovador, que provoca e transforma, trazendo a tona tudo o que apoia o melhor de cada pessoa.

Nossa essência é sensibilizar o ser humano para que amplie sua percepção das múltiplas possibilidades que existem, saia dos condicionamentos, aprofunde sua autoconexão e faça escolhas diferentes.

"Saiba quem você é e seja o que você sabe."

www.bambualeditora.com.br
conexao@bambualeditora.com.br